Zu diesem Buch

Auch diese neue Kollektion des Sammlers unfreiwillig komischer Pointen ist bereits ein Riesenerfolg. Denn Lachen ist noch immer die beste Medizin. (Wenn vom Arzt nicht anders verordnet: 3 x täglich.)

Was Patienten über Ärzte, Doktoren über ihre Patienten und die Mediziner über ihresgleichen reden, wird hier zu unser aller (Schaden-)Freude preisgegeben. Wenn zum Beispiel ein Arzt, der Laune eines verzogenen Kindes prominenter Eltern folgend, dessen Puppe nachts eine Spritze gibt (und dafür eine hohe Rechnung schickt). Oder wenn ein kunstsinniger Prälat beim vorgehaltenen Sterbekreuz die Worte spricht: «Einwandfreie Fälschung aus dem frühen 19. Jahrhundert.»

Jean-Charles, am 2. Dezember 1922 in der Dordogne geboren, legte sein philosophisches Staatsexamen an der Universität Bordeaux ab, promovierte zum Doktor der Philosophie und wurde Lehrer. Er wechselte diesen Beruf jedoch sehr bald, arbeitete als Postbeamter, Direktor einer Artistengruppe, Rundfunksprecher, Sänger, Holzhändler, Vertreter, Fremdenführer, Werbefachmann und Viehtreiber, bis er die Beschäftigung fand, die seinen Neigungen und Vorstellungen am meisten entsprach: er wurde Journalist. Diesen Beruf und den des Schriftstellers übt er seit rund zwanzig Jahren aus. Er schrieb mehrere heitere Romane, aber erst mit seiner Sammlung von Perlen aus Kindermund und Pennälerheften «Die Knilche von der letzten Bank» erlangte er internationalen Ruhm. Jean-Charles lebt mit seiner Frau Jehanne und seinem Sohn Jérôme unweit von Paris.

Jean-Charles

Lachen auf Krankenschein

Deutsch von
Susanne Lepsius

rororo
Rowohlt

78.–80. Tausend April 1988

Veröffentlicht im Rowohlt Taschenbuch Verlag GmbH,
Reinbek bei Hamburg, Dezember 1979
Lizenzausgabe mit freundlicher Genehmigung des
Scherz Verlages, Bern–München
«Le rire c'est la santé» und «Le rire sur ordonnance»

Umschlagentwurf Tilman Michalski
Satz Aldus (Linotron 404)
Gesamtherstellung Clausen & Bosse, Leck
Printed in Germany
680-ISBN 3 499 14461 1

Statt eines Vorworts

Lieber Jean-Charles,
heute früh erschien ein Mann um die sechzig in meiner Sprechstunde. Pessimismus und Lebensüberdruß waren ihm nur allzu deutlich ins Gesicht geschrieben. Ich hatte von diesem Herrn schon gehört und auch davon, daß er selbst in der lustigsten und anregendsten Gesellschaft niemals die Miene zu einem Lächeln verzieht. Meine ärztliche Untersuchung verlief völlig negativ; dem Mann fehlte nichts, und vor seinem «Leiden» mußte jede ärztliche Kunst kapitulieren. Da kam mir plötzlich Ihr Buch in den Sinn. Mit dem ernstesten Gesicht der Welt überreichte ich ihm ein Rezept, auf dem stand: «Dreimal täglich 2–3 Seiten Jean-Charles, Lachen auf Krankenschein.» Allerdings mußte ich ihn darauf hinweisen, daß eine gewöhnliche Krankenkasse für dieses Rezept nicht zuständig sei. Er stutzte, sah das kleine Stück Papier lange an – und verzog schließlich den Mund zu einer Grimasse, die fast wie ein Lächeln aussah. Sollte das bereits der Anfang seiner Genesung gewesen sein?

Herzlich und mit Dank Ihr

Dr. Eisenbart

Der Patient hat immer recht

Das Wartezimmer eines Kleinstadtarztes ist brechend voll. Plötzlich klingelt das Telefon. Ein dringender Fall. Ein Kind hat 41 Grad Fieber.

Der Arzt läßt alles stehen und liegen und fährt in halsbrecherischem Tempo zu dem 15 Kilometer entfernten Bauernhof. Ein rosiger Bengel tobt vergnügt im Bett herum.

Bevor der Arzt das Kind auch nur genauer ansieht, fragt er den Bauern:

«Wie geht es Ihrer Sau?»

«Woher wissen Sie denn, daß sie krank ist, Herr Doktor?»

«Haben Sie sie gemessen?»

«Na klar», versichert der Bauer eifrig.

«Und sie hatte 41 Grad?»

«Ja – aber wie kommen Sie da drauf?»

«Ihr Sohn ist kerngesund, Sie haben nur vergessen, das Thermometer herunterzuschlagen.»

Tatsächlich hatte der Knilch 36,8!

Solche und ähnliche Geschichten können die Ärzte auf der ganzen Welt erzählen. Einer, zum Beispiel, wunderte sich, daß die Temperatur eines kleinen Patienten immer gleichblieb, bis er merkte, daß die Mutter das Thermometer unter das Kopfkissen gelegt hatte.

Für die Knilche ist das Thermometer ein aufregender Gegenstand, über das sie sehr genau, wenn auch nicht immer ganz zutreffend informiert sind. Was sie dann zu Äußerungen wie den folgenden veranlassen kann: «Das Thermometer ist eine Glasröhre auf einem kleinen Brett. Man führt es ins Sternum ein, um die Hitzegrade von Menschen zu messen. Es zeigt Gewitter, Glatteis, Regen und Windpocken an.»

«Das Thermometer ist zum Fiebermessen da. Zuerst gibt man es einem Gesunden und notiert 37 Grad. Anschließend gibt man es einem Kranken und notiert 41 Grad. Danach teilt man die Differenz in vier gleiche Teile.»

Aber auch über die Temperaturen als solche machen sich die Knilche Gedanken und kleiden diese in äußerst sinnvolle Ratschläge wie zum Beispiel:

«Damit die Temperatur eines Kranken nicht sinkt, muß man ihm zuweilen Lebertran geben.»

Freddy (9 Jahre alt) belehrt seinen Kameraden: «Bei 37 Grad bist du gesund, bei 36 Grad bist du ganz schwach, bei 42 Grad bist du tot.»

Doch keine Regel ohne Ausnahme:

Ein Kranker hat 42 Grad Fieber, sieht dabei aber gar nicht tot, sondern bemerkenswert munter aus. Auf die erstaunten Fragen des Arztes erklärt die treusorgende Ehegattin: «Ach, wissen Sie, Herr Doktor, mein Mann ist so kälteempfindlich, daher wärme ich das Thermometer vor Gebrauch immer an.»

Philipp (4 Jahre alt) wird von seiner Mutter gemessen. Nach ein paar Sekunden sagt er: «Jetzt bin ich heiß genug, du kannst abschalten.»

Wenn Ärzte müde werden, erzeugt dieser Zustand bei ihnen zuweilen eigenartige Symptome. Ein Gynäkologe pflegte seine Patientinnen zu bitten, die Hände zur Faust zu ballen und sie unters Becken zu legen, um die Untersuchung zu erleichtern.

Eines Tages erschien bei ihm eine wirklich hübsche junge Frau. Nur ihre Ohren hätten mit denen von König Midas konkurrieren können.

Schade, dachte der Gynäkologe, sie sollte ihre Haare länger tragen, um diese Ohren zu verdecken.

Als die junge Frau zur Untersuchung bereit war, wies er sie an: «Legen Sie die geballten Hände auf die Ohren.»

Die Dame folgte der Bitte, ohne sich zu wundern.

«Während ich», sagte der Gynäkologe, «trotz dieser eher lyrischen als gynäkologischen Stellung meine Untersuchung ohne weitere Schwierigkeiten durchführte.»

Bei einem anderen Müdigkeits-Lapsus ertappte sich ein praktischer Arzt. Während einer Grippewelle schrieb er einem nichtgrippekranken Patienten ein Verdauungsgranulat auf und fügte dem Rezept hinzu: «Dreimal täglich durch die Nase verabreichen.»

Sein Kollege wurde zu einem jungen Mädchen geholt, konnte aber keinerlei Krankheitssymptome entdecken. «Aber wenn sie nicht krank ist», fragte die Mutter entrüstet, «warum hat sie dann Fieber?»

«Weil sie Temperatur hat», antwortete der Arzt zerstreut.

Ob Grippewelle oder nicht, kein Arzt der Welt freut sich besonders, wenn er telefonisch aus seinem wohlverdienten Nachtschlaf gerissen wird. Besonders dann nicht, wenn die Stimme am anderen Ende der Leitung feuchtfröhlich klingt: «Also, Herr Doktor, als Sie heute nachmittag bei mir waren, hatte ich 39 Grad Fieber, und jetzt hab ich 37

Grad. Da stimmt doch etwas nicht. Das ist doch nicht normal!»

Auch ist der nächtens aufgescheuchte Arzt gelegentlich noch etwas traumverwirrt.

«Ich bin außer mir, Herr Doktor, mein Kind hat einen heißen Kopf und kalte Füße.»

«Dann drehen Sie es doch um.»

Oder:

«Herr Doktor, ich glaube mein Kind ist krank.»

«Hat es Fieber?»

«Das weiß ich nicht, es schläft.»

«Ich auch.»

Die schlimmsten nächtlichen Ruhestörer sind jedoch diejenigen, die meinen, ein Arzt sei eine Art von Apparat, den man zu jeder Stunde benutzen kann.

«Ach, Doktorchen, ich war in einer Bar, und jetzt fühl ich mich ganz elend. Ich habe eine Schlaftablette genommen und wache sicher nicht vor ein Uhr mittags auf. Ich weiß aber, daß Sie dann gerade auf Patiententour sind. Deshalb rufe ich lieber jetzt schnell an. Wann kann ich Sie denn morgen konsultieren?»

«Also, Herr Doktor, heute nacht hätte ich Sie doch beinahe angerufen, weil es mir gar nicht gutging. Aber dann hätte mein Mann in die Telefonzelle gehen müssen, und das wollte ich ihm natürlich nicht zumuten.»

Aber zuweilen krümmt sich auch der getretene Wurm! Ein alter Kassenarzt wird um Mitternacht aus dem Schlaf hochgeschreckt.

«Herr Doktor, was soll ich tun? Ich habe einen höchst unangenehmen Geschmack im Mund.»

Der Arzt sieht rot vor Zorn, nennt dem Anrufer dann aber ein harmloses Mittelchen und fügt mit eindringlicher Stimme hinzu: «Gehen Sie sofort in die Apotheke, und nehmen Sie jede halbe Stunde zehn Tropfen. Aber pünktlich bitte. Wenn Sie sich nicht streng an diese Vorschrift halten, kann das sehr ernste Folgen für Sie haben.»

Nicht alle Ärzte begnügen sich mit nächtlichen Instruktionen am Telefon. Viele können dann doch nicht wieder einschlafen, ohne sich persönlich vom Wohlbefinden ihres Patienten zu überzeugen, vor allem, wenn es sich um Kinder handelt.

«Mein Baby schreit schon stundenlang», hatte eine besorgte Mama am Telefon erklärt.

Der gute Onkel Doktor rappelt sich auf, das Auto schlittert über die vereisten Straßen. Das Haus liegt so abseits, daß er auf der Polizeistation nachfragen muß. Endlich steht er am Bettchen des Kindes. Das Baby wird ausgewickelt, und der Arzt findet in den Windeln – einen Floh.

Ja, Mütter von Kleinkindern sind oft mit Vorsicht zu genießen, und die Diagnose erfordert viel Fingerspitzengefühl.

Daß ängstliche Mutterliebe ewig währt, mußte ein anderer Arzt erfahren:

Eine alte Dame ruft ihn nach Mitternacht an und klagt über Herzbeschwerden. Der Arzt kommt und findet die Patientin tatsächlich in einem Zustand höchster Erregung vor.

«Ist irgend etwas Besonderes passiert?» fragt er besorgt.

«Das will ich meinen! Mein Sohn hat gesagt, er ginge ins Kino, und jetzt ist es schon ein Uhr, und der Lausejunge ist immer noch nicht zu Hause.»

Der «Lausejunge» war fünfundfünfzig Jahre alt!

Aber nicht nur besorgte Mütter sind ein nächtliches Problem. Zwei Uhr morgens. Eine Männerstimme:

«Herr Doktor, ich verliere meine Haare.»

«Seit wann?»

«Seit sieben Jahren.»

Manche Mütter schlagen sämtliche Rekorde. Etwa diese:

«Herr Doktor, bitte kommen Sie sofort! Ich habe zwar schon einen anderen Arzt gerufen, aber der kam mit dem Moped. Das muß doch ein Nichtskönner sein, wenn er sich nicht mal ein Auto leisten kann!»

«Man muß geduldig sein», sagte mir ein weiser, alter Arzt. «Jeder Besuch lohnt sich auf irgendeine Weise, und sei es nur, um den Patienten zu beruhigen. Ein Arzt darf vieles sein, bloß nicht brummig, dann hat er seinen Beruf verfehlt. Der Patient hat immer recht.»

Aber sogar diesem vorbildlichen Arzt riß einmal der Geduldsfaden.

In der Nacht von Sonntag auf Montag klingelte bei ihm das Telefon. Irgendein Kerl meldete sich und verlangte, der Doktor solle ihn sofort wieder arbeitsfähig schreiben. Er habe erfahren, daß am nächsten Tag die Gratifikationen verteilt würden. «Nie in meinem Leben habe ich jemand so angebrüllt», erklärte unser Muster an Geduld.

Zuweilen aber sind auch die Wohlmeinenden eine wahre Plage.

Um vier Uhr früh in einer kälteklirrenden Nacht klingelt es an der Haustür. Die Frau des Arztes geht öffnen.

«Großvater ist gerade gestorben!» ruft eine Stimme.

«Ja, dann kann mein Mann im Moment doch gar nichts tun. Warum wecken Sie uns denn auf?»

«Weil der Herr Doktor uns gebeten hat, ihn zu benachrichtigen, wenn es Großvater schlechter geht.»

Ein anderer Arzt wird in tiefer Nacht gerufen. Er eilt zur angegebenen Adresse.

«Was fehlt Ihnen?» fragt er den käsebleichen, zitternden jungen Mann, der ihm die Tür öffnet.

«Meine Frau hat mich verlassen!»

«Und deshalb holen Sie mich aus dem Bett?»

«Wen könnte ich um diese späte Stunde denn sonst wecken?»

«Herr Doktor», sagt eine junge Frau, «ich habe Sie kommen lassen, damit Sie mir eine Bestätigung geben, daß ich nachts nicht schlafe. Ich brauche sie für meinen Psychiater. Er glaubt mir einfach nicht, daß ich unter Schlaflosigkeit leide.»

Den Vogel schoß der nächtliche Besucher ab, der um zwei Uhr früh den Arzt am Türtelefon weckte.

«Bitte kommen Sie sofort, meiner Frau geht es sehr schlecht.»

Der Arzt zieht sich an, geht nach unten und macht auf.

«Worüber klagt Ihre Frau, hat sie Schmerzen?»

«I wo, meiner Frau geht es gut. Aber ich brauche Geld. Könnten Sie mir fünfzig Mark pumpen?»

Der Arzt kriegt einen Wutanfall und schmeißt den Mann raus.

Am nächsten Morgen um neun Uhr ist er wieder da und bittet den Arzt erneut um fünfzig Mark. Der Arzt weiß zufällig, daß dieser Mann recht wohlhabend ist.

«Wozu brauchen Sie denn das Geld?» fragt er verblüfft.

«Ich habe mit meinem Freund gewettet, daß ich es fertigkriege, mir fünfzig Mark von Ihnen zu pumpen, und ich will meine Wette gewinnen», kommt die entwaffnende Antwort.

Doch es muß keineswegs Nacht sein, um den guten Onkel Doktor zu tyrannisieren.

Um ein Uhr mittags klingelt das Telefon.

«Ach, Herr Doktor, Sie sind sicher gerade beim Mittagessen.»

Geknurrtes «Ja».

«Hab ich mir gedacht; das ist immer die beste Zeit, Sie zu erreichen.»

Ein junger Arzt ißt mit Freunden zu Abend. Das Telefon klingelt: «Bitte kommen Sie sofort, ich habe einen Herzanfall.»

Der Arzt erhebt sich seufzend und fährt zu der angegebenen Adresse. Ein Dienstmädchen öffnet ihm die Tür und führt ihn in ein Zimmer, wo ein älterer Mann gemütlich im Lehnstuhl sitzt und Pfeife raucht.

«Wo ist der Kranke?»

«Der Kranke bin ich.»

«Sie sehen mir aber nicht nach einem Herzanfall aus.»

«Ich habe auch keinen, aber ich bin herzkrank. Ich kann es Ihnen beweisen, hier sind meine EKGs.»

«Aber das ist doch kein Grund, mich vom Abendessen fortzuholen!» sagt der Arzt mit verhaltenem Zorn.

«Und warum nicht? Ich zahle, und Sie haben zu kommen. Schreiben Sie sich das gefälligst hinter die Ohren, junger Mann.»

«O nein, Sie irren. Sie zahlen nicht, und ich komme nicht! Und das schreiben *Sie* sich hinter die Ohren!»

Der junge Arzt knallt die Tür hinter sich zu – und fragt sich im gleichen Augenblick besorgt, ob der alte Herr jetzt wirklich einen Herzanfall bekommt. Ein Arztgewissen ist eben nicht immer ein sanftes Ruhekissen!

Ein Kollege desselben jungen Arztes wurde um acht Uhr abends in ein Haus in einem vornehmen Viertel gerufen.

Seine Patientin erwies sich als eine – Puppe.

«Unser kleines Mädchen kann erst einschlafen, wenn ihr Püppchen eine Spritze bekommen hat.»

Das Püppchen bekam eine Spritze und die Eltern eine gesalzene Rechnung.

Unter dem Motto: «Gesundheit ist mein verbuchtes Recht», nehmen sich manche Leute bei Ärzten Dinge heraus, die sie, wie man sieht, bei einem Handwerker nie wagen würden. Davon können auch die Arztfrauen ein Lied singen:

«Alle sagen, es ist dringend», beklagt sich eine Ehegattin, «und wie oft handelt es sich um nicht mehr als einen Schnupfen. Aber wie soll man am Telefon beurteilen, wie ernst ein Fall ist?

Neulich rief mich eine Unbekannte an. Ich fagte sie, ob der Kranke Temperatur hat. ‹Nein, im Gegenteil›, kommt die Antwort, ‹er fühlt sich eher kalt an. Er liegt im Koma.›»

«Eines Tages», berichtet eine andere Arztfrau, «hatte ich zufällig eine Schürze an, als ich die Tür öffnete. Kommt eine Dame rein, nickt mir kühl zu und sagt: ‹Bringen Sie mir eine Tasse Tee, aber bitte heiß und ohne Milch.›»

Einer anderen Arztfrau wurde es zu dumm, schon am frühen Morgen ständig zur Tür zu rennen. Sie brachte einen Zettel an: ‹Patienten, die einen Hausbesuch wünschen, werden gebeten, ihre Adresse vor 8 Uhr 30 morgens in den Briefkasten zu werfen.›

Eine Weile klappte das System vorzüglich. Bis eines schönen Morgens in aller Herrgottsfrühe die Klingel schellte. Ein braver, kleiner Mann steht vor der Tür. «Ich wollte Ihnen nur sagen», erklärt er treuherzig, «daß ich meine Adresse in den Briefkasten gesteckt habe.»

Aber nicht nur die Türklingel verfolgt die geplagten Arztfrauen. Das Telefon ist ein noch viel größerer Quälgeist.

«Und wenn bei der ewigen Klingelei jemand auch noch die falsche Nummer gewählt hat, dann platzt mir der Papierkragen, und ich sage dem Anrufer: ‹Tut mir leid, der Teilnehmer, den Sie sprechen wollen, ist gerade gestorben, und überhaupt besitze ich gar kein Telefon.›»

Seitdem es den automatischen Telefonbeantworter gibt, haben die geplagten Arztfrauen etwas mehr Ruhe. Dafür bekommen sie dann aber Klagen wie diese zu hören:

«Also, Frau Doktor, Sie haben ja eine höchst unfreundliche Arzthilfe. Die hat mir überhaupt keinen Augenblick zugehört!»

Oder: «Frau Doktor, ich habe schon dreimal bei Ihnen angerufen und dem Fräulein am Telefon erklärt, daß ich Rückenschmerzen habe, aber die unverschämte Person hat mir nicht mal geantwortet!»

Gerechterweise muß aber festgestellt werden, daß bei weitem nicht alle Patienten Ekel sind.

Ein alter Landarzt erzählte mir: «Es gibt viele Häuser, in denen ich wie der Abgesandte Gottes behandelt werde, und für diese Patienten nehme ich gern eine Fahrt durch die Nacht und Regen auf mich, selbst wenn sie sich als unnötig herausstellt.»

Ein anderer Arzt fuhr jeden Tag am Haus einer alten Patientin vorbei. «Wenn Sie mich brauchen», sagte er, «lassen Sie mir ein Zeichen an der Tür. Und um die Diagnose zu erleichtern», fügte er im Scherz hinzu, «hängen Sie zum Beispiel bei Kopfschmerzen einen Hut an die Klinke, oder wenn's die Füße sind, einen Strumpf.»

Einige Tage später hing tatsächlich ein Strumpf an der

Tür. Schon auf der Schwelle ruft der Arzt: «Sie haben sich also am Fuß verletzt!»

«Nein», sagt die alte Dame lächelnd, «aber morgen ist Nikolaustag, und ich habe für meine Enkel Socken mit Süßigkeiten gefüllt und dabei auch an Sie gedacht; allerdings ist der Inhalt Ihres Strumpfes etwas mehr für Erwachsene zugeschnitten.»

Für gewisse Röntgenaufnahmen muß der Patient zwei rohe Eidotter schlucken. Ein Bauer wird vom Röntgenologen daher angewiesen, zwei Eidotter mitzubringen.

In der Früh erscheint der Bauer mit einem großen Paket unterm Arm.

«Herr Doktor, ich hab mir gedacht, daß Ihnen die ewigen Eier allmählich zum Hals raushängen. Deshalb habe ich Ihnen zur Abwechslung mal ein schönes Huhn mitgebracht.»

Zu einem Landarzt kommt eines Tages ein altes Weiblein. «Na, wo fehlt's denn?» fragt der Arzt. «Mir fehlt nichts. Ich wollte der Frau Doktor nur ein wenig Gemüse und Kräuter aus meinem Garten bringen. Das ist gut gegen Ärger über schlechte Zahler und Schnorrer.»

Medizin in Kindermund

«Das Skelett ist das Gerüst unseres Körpers, ohne dieses wären wir Weichtiere», schrieb ein findiger Schüler in seinem Biologieaufsatz. Noch nie hat mir eine Erklärung so eingeleuchtet. Daher habe ich mich auch mit größtem Vergnügen weiterhin von Knilchen über den Aufbau unseres Körpers aufklären lassen.

«Der wichtigste Bestandteil unseres Körpers ist der Kopf, an ihm sind die vier Gliedmaßen aufgehängt», erklärte ein achtjähriger Knilch seiner kleinen Schwester die Grundregeln der Anatomie. «Und in der Wirbelsäule haben wir das Rückgrat.»

Auf die Frage, welcher Teil des Skeletts eines Schülers am meisten haltungsgefährdend sei und wie man solche Schäden vermeide, antwortete ein Abiturient frisch und munter: «Der Kopf. Er kann Schaden nehmen, wenn man draufhaut. Man sollte daher tunlichst vermeiden, einen Schlag auf den Kopf zu bekommen.»

«Der Mensch besteht nicht nur aus Knochen, er besitzt auch Muskeln, die nur aus Fleisch bestehen wie ein Räucherschinken. Ein Muskel muß gesund, stramm und sauber sein.»

«Wenn wir keine Nerven hätten, wären wir alle längst ausgestorben. Die Nerven wittern nämlich die Gefahr wie ein Hund, aber statt zu bellen, zucken sie, und so weiß der Mensch, daß er sich schleunigst retten muß.»

Ein paar pfiffige Knilche aus der Grundschule legten ihre Ansichten über die Anatomie folgendermaßen nieder:

«Wenn einem Mann ein Arm fehlt, so ist er behindert. Wenn ihm ein Bein fehlt, ist er auch behindert. Wenn ihm der Kopf fehlt, ist er tot.»

«Die Haut ist das Kleid für die Knochen und den Rest», schrieb einer unbekümmert hin, und auf die Frage, was er unter «dem Rest» verstehe, kam folgende Erklärung: «Den Rest besitzen nur die Frauen; er besteht aus zwei Fleischwülsten auf der Brust, die man als Lungen bezeichnet.»

«Ein Rippenbruch ist lebensgefährlich, weil eine der Rippen die Lunge durchstechen kann, die man dann durch eine eiserne Lunge ersetzen muß.»

«Hat der Arzt dich auch gewogen?» fragt eine Mutter ihr sechsjähriges Töchterchen, das fasziniert von einer «Schuhuntersuchung» berichtete.
«Natürlich, aber er hatte nur eine Waage für die Füße.»

Nach einer anderen Schuluntersuchung ging eine besorgte Mutter mit ihrer kleinen Tochter zum Arzt, weil man ihr gesagt hatte, das Kind sei schwerhörig.

Nach allen möglichen Tests stellte der Arzt fest, daß das Mädchen ausgezeichnet hörte.

«Aber, Marie, warum hast du denn der Schulärztin vorgemacht, du hörtest schlecht?»

«Es schien ihr so viel Spaß zu machen.»

Eine andere Mutter kam aufgelöst zum Arzt, weil sich bei der Schuluntersuchung herausgestellt hatte, daß ihr Sohn schwachbegabt sei. Tatsächlich hatte er jedesmal, wenn er einen Kreis zeichnen sollte, ein Quadrat gezeichnet und wenn er ein Quadrat zeichnen sollte, einen Kreis.

«Und warum stellst du dich so blöd an?» fragte der Arzt.

«Um die zu ärgern. Ich laß mich doch nicht für dumm verkaufen», antwortete das Söhnchen verächtlich.

Beim Tod von Präsident Pompidou erhielten die Kinder in Frankreich einen Tag schulfrei. Michael kam singend nach Hause.

«Was ist denn passiert, daß du so fröhlich bist?» fragt die Nachbarin.

«Er ist gestorben, und wir haben schulfrei!»

«Wer ist gestorben?»

«Keine Ahnung, aber ich wünschte, er würde jeden Tag sterben.»

Da Präsidenten jedoch nicht alle Tage sterben, müssen die geplagten Mütter gelegentlich mit mehr oder minder überzeugenden Entschuldigungsbriefen ihren Sprößlingen einen schulfreien Tag verschaffen.

«Sehr geehrte Frau Vorsteherin, meine Tochter kann heute leider nicht zum Unterricht kommen, da ihr Monstrum diesmal besonders stark ist.»

Eine andere Mutter drückte sich sehr viel blumenreicher aus. «Meine Tochter leidet Dantes Qualen (Tantalus war gemeint) und muß daher so viele bittere Pillen schlucken, daß sie davon ganz maulhenkolisch wird.»

«Mein Sohn Vinzenz muß wegen hohen Tempotouren im Bett bleiben.»

Bei längerer Schulabwesenheit muß man den Lehrer natürlich etwas exakter über die Krankheitssymptome aufklären. Ein besorgter Vater erklärte der Schuldirektorin am Telefon:

«Meine Tochter kann nicht in die Schule kommen, sie hat Mumps.»

«Hoffentlich nicht schlimm», sagt die höfliche Schulvorsteherin.

«Nein, aber man fürchtet für ihre Hoden.»

«Meine Tochter Julie mußte den Februar leider im Bett hüten», entschuldigte sich eine Mutter.

Eine Metzgersfrau schrieb ihrem Sohn auf Einwickelpapier folgende Entschuldigung: «Eugen war krank. Mit herzlicher Teilnahme, Frau M.»

Eine Lehrerin hatte sich bereit erklärt, einer lange krank gewesenen Schülerin Nachhilfeunterricht zu geben. Sie trifft die Mutter und erinnert sie an den vereinbarten Termin. «Oh», meint die, «das ist jetzt nicht mehr nötig. Ich war mit Christa beim Doktor, und er hat ihr Intelligenzpillen verschrieben.»

Kürzere Abwesenheiten hingegen sind manchmal auf fatale Ursachen zurückzuführen:

«Bitte entschuldigen Sie die Abwesenheit meines Sohnes Karl beim Nachmittagsunterricht, aber sein sensetiefer Körperteil war im Reißverschluß eingeklemmt, und ich hatte große Mühe, ihn loszueisen.»

Albert hat sich am rechten Bein verletzt und ist dementsprechend muffig, woraufhin sein Freund ihm sagt: «Man sieht, daß du mit dem linken Bein aufgestanden bist.»

Aber auch Knilche, die noch nicht zur Schule gehen, haben so ihre Sorgen.

Hänschen (drei Jahre alt) hat einen Verband am Daumen. Er ist in Tränen aufgelöst, weil er nicht am Daumen lutschen kann.

«Lutsch doch am anderen Daumen», rät die Mutter.

«Nein, der schmeckt nicht so gut.»

Eine besorgte Mutter mummelt ihr Töchterchen ein, als ob sie auf eine Nordpolexpedition ginge.

«Genug, Mami», beschwert sich die Tochter, «ich hab doch schon vier Schichten übereinander an: meinen Mantel, meinen Pulli, mein Hemd und meine Haut.»

Nadja erfährt, daß ihre beste Freundin 39 Grad Fieber hat. Sie schickt ein inständiges Gebet zum lieben Gott: «Bitte, bitte, mach, daß sie morgen null Grad hat.»

Veronika sieht auf der Straße einen Mann auf Krücken.
«Warum läuft er denn Ski?» fragt sie ganz verblüfft. «Es liegt doch gar kein Schnee.»

Kinder sind gelegentlich von einer zielsicheren, unbewußten Grausamkeit.

Die Mutter zeigt Jürgen (sechs Jahre) eine Postkarte, die von einem Körperbehinderten gemalt ist.

«Siehst du», sagt sie, «der Maler hat diese Postkarte mit dem Mund gemalt.»

«Das ist aber ein guter Reklametrick.»

Zuweilen passiert das Unfaßbare: auch Eltern werden krank!

Enzio (sieben Jahre) kommentiert das erschütternde Ereignis so: «Mein Vater ist krankgeschrieben, er hat eine nervöse Kompression.»

Verblüffende Antworten erhält der liebe Onkel Doktor, wenn er in der Sprechstunde allzu gründliche Fragen stellt.

Zu einem Arzt kommt ein schüchterner Junge, der ständig Kaugummi kaute.

«Kannst du das Zeug nicht ausspucken?» sagte der Doktor schon ganz irritiert.

«N-nein», stotterte der junge Patient, «ich hab mir den Kaugummi gestern von Uli ausgeliehen und muß ihn morgen zurückgeben.»

Die musikalische Mutter eines kleinen Jungen singt:

«Mein Herz, mein Herz bri-cht . . .» Der verstörte Sohn rast zum Telefon und ruft den Rettungsdienst an.

Ein Knabe kommt gelb angelaufen zum Arzt.

«Du hast die Gelbsucht.»

«Hm.»
«Tut dir die Leber weh?»
«Nein.»
«Woher weißt du das?»
«Weil ich keine Leber gegessen habe.»

Ein Arzt kommt oft ins Haus von Patienten, die gleichzeitig seine Freunde sind. Der fünfjährige Sohn des Hauses ist ihm sehr zugetan, bis der Arzt ihm eines Tages eine Spritze geben muß.

Die beiden haben ein Spiel miteinander, der Arzt fragt: «Wie heißt du?» Und der Junge antwortet jedesmal stolz: «Hans Peter August Meier.»

Als der Arzt ihm nun die Spritze verpaßt hat, stellt er scherzend die übliche Frage:

«Und wie heißt du?»

«Für Sie heiße ich überhaupt nicht mehr, verstanden?» sagt der wutbebende Knabe.

Die Augen sind in punkto Anatomie für die Knilche immer wieder eine faszinierende Angelegenheit, deren Geheimnisse sie gerne auf den Grund kämen.

«Das Auge ist ein wichtiges Organ, es schwimmt im eigenen Saft, der Sehnerv heißt auf lateinisch Optiker», schreibt ein Neunmalkluger im Biologieaufsatz. Und seine Kollegen wissen es noch besser:

«Das Auge hat drei Hauptfehler. Es sieht entweder zu kurz oder zu lang oder gar nicht. Um diese Mängel zu beseitigen, trägt man eine Brille.»

Philipp (fünf Jahre) bekommt seine erste Brille.

«Mama, jetzt darf ich nie wieder weinen, meine Brille hat nämlich keine Scheibenwischer.»

Und was die Ohren anbetrifft, so sagt Rudi, fünfjährig, zu seiner Tante:

«Stell dir vor, der große Bruder von meinem Schulkameraden ist stocktaub, und dabei hat er zwei ganz normale Ohren.»

Eine ganz normale und logische Feststellung. Erwachsene geben da oft wesentlich weniger normale und logische Ansichten zum besten, wie die «Perlen» des nächsten Kapitels zeigen.

Irresein ist menschlich

Ein Herr kommt zum Ohrenarzt.

«Herr Doktor, um mein Gehör steht es ganz schlecht. Ich höre zwar immer das Tick von meiner Uhr, aber nie das Tack.»

Eine mondäne Großstadtdame beschwert sich lautstark: «Man wirft mir vor, ich hätte Nymphomanieren.»

Ein Mann kommt zu einem Gynäkologen. «Sie sind an der falschen Adresse, mein Lieber, ich bin auf Frauenleiden spezialisiert.»

«Deshalb komm ich ja gerade. Sie können sich gar nicht vorstellen, wie ich unter diesen Weibern leide.»

Ein Arzt verordnete einem alten Herrn Cortison.

«Eine Kurtisane!» ruft dieser entsetzt. «Aber doch nicht in meinem Alter, Herr Doktor!»

Ein Arzt geht mit seiner Freundin ins Nachtlokal, wo er einen seiner Patienten in angetrunkenem Zustand in Begleitung einer Blondine sieht. Da der Patient dauernd Schlaftabletten verlangt, ist der Arzt ziemlich aufgebracht. Er nimmt dem Patienten das Glas aus der Hand und faucht ihn an: «Sie wissen doch genau, daß es äußerst gefährlich ist, Alkohol zu trinken, wenn man so viele Schlaftabletten wie Sie nimmt.»

«Aber die geb ich doch meiner Frau», flüstert der Patient ihm augenzwinkernd zu.

Ein junger Arzt muß einen verrückten Patienten einliefern. Ihm ist bei dem Gedanken gar nicht wohl zumute, und er ist dementsprechend nervös, während sein Patient die Ruhe selbst scheint.

Eine Nonne öffnet den beiden das Tor, der Arzt tritt zuerst ein und geht aufgeregt auf die Nonne zu. Diese bittet ihn in ein kleines Zimmer und schlägt blitzgeschwind die Tür hinter ihm zu. Dann wendet sie sich an den Irren und sagt:

«Na, Herr Doktor, wie hab ich das gemacht? Es war aber auch höchste Zeit.»

Ein Irrer schreibt einen Brief. Der Arzt fragt ihn, an wen er gerichtet sei.

«An mich.»

«Und was steht drin?»

«Woher soll ich das wissen, Herr Doktor, ich habe ihn noch nicht bekommen.»

Ein berühmter Psychiater läßt sich jeden Abend vom selben Taxichauffeur vom Krankenhaus abholen und zu seiner Mutter fahren. Eines Abends hatte sich sein Taxi verspätet, und er steigt geistesabwesend in ein anderes.

«Zu Mama, wie üblich», ruft er dem Chauffeur zu und sinkt auf den Rücksitz.

Der Chauffeur, überzeugt, daß er es mit einem Irren zu tun hat, fährt zur Aufnahmestation und übergibt den angeblichen Patienten zwei Pflegern, die den berühmten Professor nicht von Angesicht kennen. Als sie den sich wütend wehrenden Herrn gerade in eine Zwangsjacke stecken wollen, kommt ein Stationsarzt vorbei:

«Seid ihr wahnsinnig! Das ist doch der Chef!»

Böse Zungen behaupten ja immer, die Psychiater seien oft verrückter als ihre Patienten!

«Herr Doktor, Sie müssen mir helfen, ich koste dem Elektrizitätswerk zuviel Geld.»

Der Patient hielt sich für einen elektrischen Apparat.

Eine reichlich verrückte, sehr verwöhnte junge Frau wurde in eine psychiatrische Klinik eingeliefert, wo man ihr eine Beschäftigungstherapie verordnete.

Nach ihrer Entlassung beklagt sie sich bei ihrer Freundin: «Es war ganz furchtbar, ich habe schuften müssen wie eine Irre.»

Aber man muß nicht unbedingt irre sein, um sich beim Doktor mal zu irren.

Eine alte bayerische Bäuerin kommt zum Augenarzt und kann die großgedruckten Buchstaben OXPHBZD nicht lesen.

Der Arzt ist ganz erstaunt, weil er ihre Sehkraft weit besser eingeschätzt hat.

«Versuchen Sie's noch mal», ermuntert er sie.

«Ja, lesen könnt ich's schon, aber die Aussprache von diesen fremdländischen Worten bring ich halt nicht hin.»

Eine Mutter geht mit ihrem hochaufgeschossenen Sohn zum Arzt und sagt: «Herr Doktor, ich mache mir ehrlich

Sorgen, seine Exkremente werden täglich länger.» (Extremitäten)

Das alte Faktotum eines Provinz-Rechtsanwalts beschwert sich, daß ihm ständig «Schauer übers Herz» liefen. Der Arzt hilft dem alten Mann, sich aus mehreren Schichten von Westen, Pullovern und Unterhemden zu pellen, die der Patient übereinander trägt, und schon springt ihm das Krankheitssymptom entgegen – eine Maus.

Ein ebenfalls betagter Mann wird vom Arzt mit dem Stethoskop abgehorcht. Nach ein paar Minuten sagt er ungeduldig: «Aber, Herr Doktor, nehmen Sie doch endlich die Dinger aus den Ohren, damit können Sie doch nicht hören.»

«Ihre Tochter hat die Masern», informiert der Arzt eine verschüchterte Mutter.

«Ach, ich sehe gar keine Maserung», erwidert die Mutter erstaunt.

Eine überarbeitete Ehefrau ist beim Arzt angemeldet, hat aber keine Zeit, die Verabredung einzuhalten, und bittet ihren Mann, sie zu entschuldigen. Dieser schreibt nach kurzem Zögern: «Aus rein privaten Gründen liegt meine Frau am 19. Juni im Bett.»

Die folgenden auch nicht unbedingt alltäglichen Klagen von Patienten hat eine Arztfrau für mich gesammelt.

«Meine Schulter tut mir so weh, daß ich nicht mit ihr schlafen kann.»

«Der Arzt hat mir eine Heilgymnastikerin dreimal wöchentlich verordnet.»

«Wie linkisch man doch mit einem gebrochenen rechten Arm ist.»

«Meine Tochter leidet an einer Anemone.» (Gemeint war Anämie.)

Eine Dame beschwert sich über ihre ständige Müdigkeit.
«Schon als Kind war ich weich in den Knien.»

Auf die Frage nach seinem Beruf anwortet ein Mann: «Ich arbeite im Flughafen und bediene die Luftkomtessen.»

«Haben Sie oft Alpträume?» fragt ein Arzt seine Patientin.
«Wie man's nimmt, Herr Doktor, meistens träume ich von Ihnen.»

«Ich schwindle schon sehr viel seltener.»

Völlig gerechtfertigt aber erscheint mir die Antwort eines halbseits gelähmten Bäckermeisters, der auf die rhetorische Frage seines Hausarztes, wie es ginge, kurz und bündig antwortete: «Halb!»

Die lieben Kollegen

Ein Ehemann, begleitet von seiner Gattin, kommt zu einem Arzt. Nach der Untersuchung stellt dieser seine Diagnose.
«Bravo!» ruft der Ehemann triumphierend. «Genau das gleiche hat mir Dr. Dingsbums auch gesagt.»
«Ach, wirklich?» sagt der Arzt leicht spöttisch. «Dr. Dingsbums ist ein ausgezeichneter Arzt und ein guter Freund von mir.»

Die Gattin merkt, daß ihr Mann ins Fettnäpfchen getreten ist und versucht tapfer zu retten, was zu retten ist.

«Ach, wissen Sie, Herr Doktor, es ist doch immer besser, die Meinung von zwei Kalamitäten einzuholen.»

Ein junger Landarzt tritt aus dem Haus eines Patienten und trifft die Nachbarin. «Also ich», sagt diese wohlgefällig, «geh natürlich nur zum besten Arzt in der Stadt.»

Keine Bemerkung, die einen Kollegen erfreut.

«Und woher wissen Sie, daß es der beste Arzt ist?» fragt der junge Mann angriffslustig.

«Das hat er mir selbst gesagt!»

Eine dicke, gemütliche Bäuerin erscheint beim Arzt, setzt sich hin, faltet die Hände über der Handtasche und sagt:

«Ein Unglück kommt nie allein. Nicht nur, daß ich ein Furunkel habe, sondern unser Herr Doktor ist auch noch auf Urlaub, und so muß ich mit Ihnen fürlieb nehmen.»

Wenn in einer Kleinstadt zwei Ärzte miteinander konkurrieren, teilt sich die Bevölkerung im Handumdrehen in zwei Parteien. Zwei Freundinnen (aber von verschiedener Ärzteparteizugehörigkeit) treffen sich, und die eine versucht, *ihren* Arzt vor der Freundin in ein möglichst gutes Licht zu setzen. «Also weißt du, Doktor Klein hat eben ganz fabelhafte Erfolge. Du weißt doch, letzte Woche hatten wir drei Begräbnisse, und alle drei waren seine Patienten. Was sagst du jetzt?»

Um Ärzte bilden sich gelegentlich mehr oder minder berechtigte Legenden, was die lieben Kollegen dann mit Spott quittieren.

«Ach, Herr Doktor, erinnern Sie sich noch, als Sie vor dem Bett unseres Jüngsten standen, da sind Sie plötzlich ganz blaß geworden und haben gesagt: ‹Wir müssen schneller sein als der Tod.›»

«Deshalb fährt er immer so teure Sportwagen», meinte ein Kollege boshaft dazu.

Und dann das Kreuz der Ärzte: die besserwissenden Patienten, bei denen immer ein anderer alle feinen Sachen entdeckt.

«Also, Herr Doktor, seit Jahren bin ich bei Ihnen in Behandlung, und Sie haben nicht gemerkt, daß ich zwei Bandwürmer habe.»

«Und woher wissen Sie jetzt, daß Sie zwei Bandwürmer haben?»

«Ihr Kollege hat mir den Unterleib geröntgt, und dort sieht man alle beide ganz deutlich.»

Sie zieht ihre Röntgenaufnahmen heraus und zeigt – auf die Eileiter, die tatsächlich wurmartig aussehen.

«Mein Lieber», sagte auf einem Ärztetreffen ein Chirurg zu seinem Kollegen, «es gibt zwei Sorten von Menschen: die Schafsköpfe und die Schweinehunde. Bislang zählte ich mich zu den ersteren, doch ich bin fest entschlossen, mich zu ändern.»

«Aber das eine schließt doch das andere nicht aus!» gibt der andere prompt zurück.

Eine Rheumakranke kommt zum Arzt und beschwert sich über dessen Kollegen. «Dr. X hat mir gar nicht geholfen, aber ich habe von vornherein gewußt, daß er ein Nichtskönner ist, so was spürt man schließlich, und daher habe ich seine Mittel selbstverständlich nicht genommen.»

Eine Krähe hackt der anderen nicht die Augen aus, was ins Medizinische übersetzt heißt, daß ein Arzt einen anderen vor einem Patienten nie kritisiert.

Eine Bayerin hatte sich den Oberschenkelknochen gebrochen, und der Chirurg hatte den Bruch genagelt. Der Nagel war aber zu lang geraten, so daß eine zweite Operation notwendig wurde. Die inzwischen mißtrauisch gewordene Dame konsultierte vorher vorsichtshalber einen bekannten Spezialisten.

«Herr Professor, der Chirurg hat mir gesagt, der Nagel hätte sich gedehnt.»

Die Kapazität zuckte keine Wimper über diese reichlich kühne Ausrede seines Kollegen. «Ja mei, so was passiert», meinte er nur nachdenklich.

Einige Tage nach seiner ersten Operation wurde ein junger Chirurg zum Chef gerufen. «Ihr Patient hat über Schmerzen geklagt, und ich habe sofort eine Röntgenaufnahme machen lassen. Sehen Sie sich das an!»

Auf der Aufnahme war einwandfrei eine Pinzette zu sehen, die der Operateur offensichtlich im Körper des Patienten vergessen hatte. Der junge Mann wurde schreckensbleich.

Zum Glück stellte sich heraus, daß der Röntgenologe aus Jux vor der Aufnahme eine Pinzette auf den Rücken des Frischoperierten geklebt hatte. Die liebenswürdigen Kollegen!

«Was du nicht willst, daß man dir tu, das füg auch keinem andern zu», heißt ein beliebtes Sprichwort. Ärzte scheinen dafür ein besonders feines Ohr – oder eine besonders eigenwillige Auslegung zu haben. Vor allem, wenn es um Kollegen geht.

Ein berühmter alter Professor sollte eine harmlose intramuskuläre Injektion bekommen. Er brüllte wie am Spieß, und erst als drei Kollegen ihn festhielten, konnte ein vierter ihm die Spritze verpassen. Wie der würdige Herr Professor seine Kollegen während dieser Prozedur titulierte – das fällt zum Glück unter das Arztgeheimnis.

Ein anderer, nicht weniger bekannter Professor hatte eine harmlose Fettgeschwulst. Jedesmal, wenn er seinen Hausarzt traf, sagte dieser: «Ich muß Ihnen endlich das Ding da mal entfernen.»

Eines Tages riß dem Professor der Geduldsfaden. «Würden Sie es sich herausschneiden lassen, falls Sie eins hätten?»

«Natürlich nicht!» meinte der Kollege gelassen.

Einen Arzt, der sich bisher immer bester Gesundheit erfreut hatte, ereilte endlich das Schicksal: er bekam Bauchweh. Als seiner Frau sein nicht endenwollendes Gejammer auf die Nerven ging, fuhr sie ihn an: «Jetzt hab dich doch nicht so, wir Frauen haben solche Schmerzen alle Monate.»

«Was», sagte der Herr Doktor zutiefst erstaunt. «Und da seid ihr nicht krank?»

Zuweilen wird großen Chefs auch große Arroganz vorgeworfen. Und das nicht nur von Kollegen.

Eine der berühmten Kapazitäten macht seine tägliche Runde, gefolgt von einem Schwarm ehrfürchtiger junger Ärzte.

Er bleibt vor dem Bett eines alten Mannes stehen, dem man trotz der hygienischen Umgebung den ehemaligen Landstreicher ansieht. Mit einem Blick auf dieses menschliche Wrack sagt der Professor, an seine Entourage gewendet: «Und dieser wird bald Charons Boot besteigen.»

«Morituri te salutant», kam es leise aus den Kissen, und das süffisante Lächeln gefror der Koryphäe auf den Lippen.

«Ja, ja, die Ärzte», sagte ein alter Mann neben mir im Zug, mit dem ich ins Gespräch gekommen war, «das sind so Neunmalkluge, und dabei wissen sie nicht mehr als Sie und ich.»

«Nun, ist das nicht ein wenig übertrieben?» verteidigte ich die Jünger des Hippokrates lächelnd.

«Dann will ich Ihnen mal eine Geschichte erzählen. Sie trug sich vor vielen Jahren zu, als man bei den Bahnhöfen noch keine Unterführung und Rolltreppen kannte. Ein Bekannter von mir hatte sich entschlossen, nach Lourdes zu pilgern, weil kein Arzt ihm helfen konnte. Auf seinen Krücken humpelte er mühsam über die Gleise, um auf den Bahnsteig mit dem Pilgerzug zu gelangen, als plötzlich eine rangierende Lokomotive auf ihn zugebraust kam. Wir alle sahen das, stießen einen einzigen Schrei des Entsetzens aus. Und dann passierte das Wunder. Er warf die Krücken fort und brachte sich mit drei Sätzen in Sicherheit. Sein Arzt hat ihm diese Heilung bis an sein Lebensende persönlich übelgenommen.»

Ähnlich wie einer seiner Kollegen, der auf der Straße einen Patienten wiedertrifft, dem er vor fünf Jahren erklärt hatte, daß er nur noch wenige Monate zu leben hätte.

Der Patient schüttelte ihm strahlend die Hand und sagte:

«Nun, Herr Doktor, das war wohl eine kleine Fehldiagnose; wie Sie sehen, bin ich quicklebendig.»

«Lebendig schon», brummte der Arzt verstimmt, «aber medizinisch sind Sie längst tot.»

Über ein Wunder läßt sich nicht streiten. Es liegt, wie die Schönheit, im Auge des Beschauers. Das beweist der

Fall der älteren Dame, die von einem Pilgerzug aus Lourdes auf einer Bahre aus dem Flugzeug getragen werden mußte.

Die Stewardess, die sie tags zuvor auf zwei gesunden Beinen hatte einsteigen sehen, sagt ganz betroffen:

«Was ist Ihnen denn passiert?»

«Ich bin am Rand der Quelle ausgerutscht.»

«Hat . . . hat das nicht etwas Ihren Glauben erschüttert?» stottert die Stewardess verlegen.

«Aber wieso?» fragt die Dame ganz erstaunt. «Im Gegenteil, es war ein wahres Wunder. Wie leicht hätte ich mir das Genick dabei brechen können.»

Eine alte Dame mit irdischeren Ansichten sagt ganz beschämt zu ihrem Arzt: «Ich bin vermutlich sehr töricht, aber ich glaube nicht an Wunder. Ich habe eigentlich mehr Vertrauen in Sie.»

In einer elsässischen Kleinstadt machte ein Arzt einen Routinebesuch bei einer Achtzigjährigen. Nachdem er sie untersucht hatte, sagte er zu der Tochter: «Ihre Frau Mutter ist wirklich in einem erstaunlich guten Zustand für ihr Alter.»

«Ja, es ist eben Gottes Wille.»

Ein wenig pikiert antwortete der Arzt:

«Nun, wenn es Gottes Wille ist, dann brauche ich ja eigentlich nicht mehr zu kommen.»

«Aber, Herr Doktor», rief das Mädchen ganz verblüfft, «es ist doch auch Gottes Wille, daß Mama einen so guten Arzt hat.»

Zuweilen wirkt auch die Einbildung Wunder.

Ein Arzt in Norditalien besuchte eine junge Frau, die Grippe hatte und stark hustete. Zu seiner Verwunderung sah er, daß sie ein breites Band unter der Brust verknotet hatte.

«Das Band? Ach ja, das trage ich, damit die Rippen nicht auseinanderfallen, wenn ich huste», erklärte sie ihm ernsthaft.

Ähnlich liegt auch der Fall eines sehr jungen Arztes, der einen Patienten besuchte, der an rheumatischem Fieber litt. Er maß die Temperatur, schrieb ein Rezept aus und sprach eine Weile mit der Gattin.

Stunden später fällt ihm siedendheiß ein, daß er das Thermometer nicht herausgenommen hat. Mit dickem Kopf und schlechtem Gewissen rast er davon. Doch statt der erwarteten Vorwürfe begrüßt ihn die Frau des Patienten mit strahlender Miene: «Ich bin Ihnen ja so dankbar, Herr Doktor, der Fieberableiter hat Wunder gewirkt, soll ich ihn jetzt herausnehmen? Meinem Mann geht es schon viel besser.»

Die nächste Geschichte verdanke ich meiner Tante Terese, oder genauer gesagt ihrer Freundin, auf deren Gut ein Heuwagen umgekippt und auf Lisa, das Dienstmädchen, gefallen war.

Lisas Beschreibungen dieses unglückseligen Vorkommnisses gehören seitdem zu Tante Tereses Repertoire.

«Ach, gnädige Frau, ich war ganz verstellt; auf dem Rücken hatte ich einen Buckel, meine Nerven waren im Magen verknotet und dann, wissen Sie, die Muskeln, die unten am Arm sind, die waren plötzlich oben, und auf den Knien war blaues Fett. Aber dann hat mich der Arzt zu Luzie geschickt, das ist die, welche Knochen einrenkt, und sie hat mir den Buckel ausgebügelt, die Nerven geradegezogen und die Muskeln zurückgedreht und das Fett abgeschöpft. Und nun bin ich wieder fidel wie ein Schwein auf der Leiter und singe wie eine Ratte im Kuhstall.»

Ein neu etablierter Arzt wird zu einem Lebensmittelhändler geholt.

«Sie haben eine schwere Angina. Warum rufen Sie mich erst jetzt?»

«Ich hatte keine Zeit, und dann wußte ich auch nicht recht, was besser wäre – ein Frosch oder Sie?»

«Ein Frosch? Was hat ein Frosch damit zu tun?»

«Ganz einfach. Ich nehme einen Frosch und setze ihn auf die Zunge, schließe fest die Lippen, und gleich geht es mir besser.»

«Unmöglich!»

«Wieso? Wenn ich den Frosch wieder herausnehme, ist er ganz schwarz. Was klar beweist, daß die Krankheit auf ihn übergegangen ist.»

«Unsinn!» ruft der junge Arzt empört. «Der Frosch ist schwarz, weil er erstickt ist. So, und jetzt nehmen Sie diese Tabletten und lassen die Frösche in Ruhe.»

Ob der Lebensmittelhändler durch die Froschkur oder mit Hilfe der Tabletten gesund wurde, hat der Arzt allerdings nie erfahren. Er wurde nicht mehr gerufen.

Unsere täglichen Pillen gib uns heute . . .

Ein bekannter Internist hat einmal gesagt: «Wenn das Leben etwas lustiger wäre, bräuchte man weniger Medikamente.»

Dem Verbrauch pharmazeutischer Produkte nach zu schließen, scheint das Leben nicht sehr lustig zu sein.

Warum bieten die Arzneimittel-Firmen ihre Erzeugnisse (oder Pipillen, wie der dreijährige Sohn meines Freundes sagt) eigentlich nicht in bunten Packungen mit Witzzeichnungen an? Wer weiß, vielleicht würde dann manch einer mit einer kleineren Dosis auskommen? Wie zum Beispiel der nervöse Herr, der ganz verzweifelt zu einem jungen Kassenarzt kam und sich darüber beklagte, daß er schon bei Dutzenden von Ärzten gewesen sei und keiner ihm ein wirksames Schlafmittel verschrieben habe.

Der Arzt gab ihm ein ziemlich starkes Mittel, aber schon nach drei Tagen war der Patient wieder da, nervöser denn je. Der Arzt verordnete ihm daraufhin eine Dosis, die ein Pferd in Dauerschlaf versetzt hätte.

Eine Woche später warf er am Ende der Sprechstunde einen letzten Blick ins Wartezimmer und entdeckte zu seinem Erstaunen friedlich schnarchend den nervösen Herrn auf einem Stuhl. Er weckte ihn nicht ohne Mühe auf, aber dann hatte er die Genugtuung, von einem strahlenden Patienten mit Segenssprüchen überschüttet zu werden:
«Herr Doktor, ich bin nur gekommen, um Ihnen zu sagen, wie dankbar ich bin. Sie haben mir das Leben gerettet. Endlich bin ich ausgeruht. Ich schlafe wie ein Murmeltier, Tag und Nacht, sogar auf dem Fahrrad, dreimal bin ich schon im Graben gelandet!»

Doch nicht jedem Arzt ist so viel Erfolg beschieden. Ein altes Fräulein erklärte ihrem Arzt, daß sie keine Pillen vertrüge. Der Arzt hörte sich das eine Weile lang an, schließlich beschloß er, sie auf die Probe zu stellen, und ließ sich vom Apotheker Pillen aus Brot drehen, die er ihr gab.

Am nächsten Tag beschwerte sich das Fräulein bitter bei ihm, die Pillen seien ihr gar nicht bekommen.

Der Arzt lachte und sagte: «Jetzt haben Sie sich aber verraten. Die Pillen waren aus Brot.»

«Als ob ich's nicht geahnt hätte, Herr Doktor, ich vertrage nämlich kein Brot, ich esse nur Kekse!»

Ein anderer Patient muß täglich fünf verschiedene Medikamente einnehmen. «Mein Gott», sagt er tief beeindruckt, «und jede Pille weiß, wohin sie muß. Das sind aber verdammt schlaue Dinger.»

Über all die «schlauen Dinger» regiert ein Berufsstand, bei dem man in punkto «Perlen» beinahe genauso fündig werden kann wie bei den Medizinern und dessen Geschäft man oft als «Goldgrube» bezeichnet.

«Apotheke – Für den Arzneimittelverkehr bestehen in allen zivilisierten Ländern und besonders in Deutschland gesetzliche Vorschriften.» (Der Kleine Brockhaus)

Sehen wir uns diesen zivilisierten *Verkehr* doch einmal näher an.

Manchmal haben es die Apotheker dabei schwer, zu erraten, was ihre Kunden wünschen.

«Ich möchte gerne eine Flasche von dem Herrn mit dem Schnurrbart.»

Der Apotheker sah die Kundin einigermaßen verblüfft an, bis ihm ein Licht aufging. Es handelte sich um Magentropfen mit einem altmodischen Etikett, auf dem tatsächlich ein schnurrbärtiger Herr abgebildet war.

Ein Junge kommt zum Apotheker und verlangt eine Packung WENSWETUT. Nach langem Fragen stellt sich heraus, daß der Zahnarzt dem Jungen gesagt hat, er sollte den Apotheker um eine schmerzstillende Tablette bitten: «Wenn's weh tut.»

Eine Patientin kauft Hustensirup. Nach drei Tagen erscheint sie wieder in der Apotheke. «Können Sie mir nicht etwas anderes geben? Das Zeug hat mir schon zwei Blusen ruiniert, und überhaupt läßt es sich so schwer einreiben.»

Eine Frau holt für ihren Mann Zäpfchen und Tropfen in der Apotheke. Die Anweisung lautet, dem Patienten dreimal täglich zwei Zäpfchen und drei Tropfen zu verabreichen.

Nach zwei Tagen erscheint sie wieder: «Die Zäpfchen sind in Ordnung, aber bei den Tropfen brüllt er jedesmal wie am Spieß.» Sie hatte beide Medikamente an derselben Stelle appliziert.

Die Gegen-Geschichte darf hier natürlich nicht fehlen. Ein altes Mütterchen kommt unbekümmert zum Apotheker.

«Herr Doktor, ich weiß, Sie haben so viel zu tun, und es tut mir leid, Sie noch mal zu stören. Aber ich hab nun fast keine Zähne mehr, und ich kann die Zäpfchen, die Sie mir gegeben haben, einfach nicht zerbeißen.»

Ein Apotheker stellt nach ärztlichem Rezept Zäpfchen her. Auf einem bleibt eine Faser von einem Tuch hängen, mit dem er seine Pinzette reinigt.

In der Früh kommt die Kundin empört in den Laden.

«Ihre Zäpfchen nehmen Sie gefälligst zurück, eins davon ist schon mal benutzt worden.»

Eine Dame leidet an Ohrenentzündung.

«Ich habe schon drei Zäpfchen ins Ohr gezwängt», klagt sie dem Apotheker, «die übrigen, die Sie mir gegeben haben, bekomme ich einfach nicht mehr hinein.»

Eine brave Hausfrau kommt zum Apotheker voll des Lobes. «Ihre Zäpfchen sind großartig, man sieht, daß Sie keiner der üblichen Geldschneider sind. Ich benutze mein

Zäpfchen jetzt schon zehn Tage.» (Sie hatte vergessen, das Zellophanpapier zu entfernen.)

Es gibt aber auch Patientinnen, die sich genau informieren.
«Herr Apotheker», fragt eine Dame, «könnten Sie mir bitte sagen, ob man die Zäpfchen anal oder rektal einführt?»

Und ein sehr ärgerlicher Herr macht dem Apotheker klar, daß er keine Zäpfchen mehr wünsche. Er könne seiner Frau nicht zumuten, dreimal am Tag seine Bauchbinde zu waschen. Der Apotheker rätselt herum und tastet sich vorsichtig mit Fragen an das Problem heran. Die Lösung des Rätsels entzog sich allerdings auch der kühnsten Kombinationsgabe. Der Patient hatte die Zäpfchen in seinen Nabel gepreßt.

Wenn ein Apotheker Nachtdienst hat, kann er eine zusätzliche Gebühr erheben, womit die Kunden allerdings nicht immer einverstanden sind.
Eine junge Frau klingelt um 23 Uhr und verlangt eine Zinksalbe. «Aber den Nachttarif zahle ich Ihnen nicht, denn ich hätte sie ja auch tagsüber kaufen können.»

Bei einem anderen Apotheker klingelt es in einer regenströmenden Nacht um 4 Uhr früh. Fröstelnd tappt er zur Tür. Draußen steht ein Mann und sagt: «Also, kaufen tue ich heute nicht bei Ihnen, aber Sie könnten mir einen Regenschirm borgen, ich muß noch ins Nachbardorf.»
Anderthalb Stunden später wird der arme Apotheker wieder herausgeläutet. Inzwischen hat es aufgehört zu regnen. «Vielen Dank, Herr Apotheker», sagt derselbe Mann. «Hier haben Sie Ihren Regenschirm zurück.»

Ein zehnjähriges Mädchen, diesmal zum Glück bei Tag, kommt in eine Apotheke und verlangt ein Shampoo für ihre Mutter.

«Hat sie fettige oder trockene Haare?»

«Kurze.»

Ein vierundachtzigjähriger alter Herr schickt einen Boten zum Apotheker mit folgendem Zettel: «Anbei das Arztrezept, würden Sie bitte die Zäpfchen in ein neutrales Stück Papier einwickeln, um ihren analonymen Charakter zu erhalten.»

Ein neugieriger Kunde fragt den Apotheker: «Warum haben Sie denn diese unbeschrifteten Flaschen auf Ihrem Regal?»

«Die gebe ich, wenn ich ein Rezept nicht lesen kann.»

In abgelegenen Dörfern trifft man auch heute noch Analphabeten. Da ist bei den Einnahmevorschriften guter Rat teuer. Einem Apotheker wurde vom Arzt ein Mann mit einer ziemlich langen Liste von Medikamenten geschickt, von denen einige gefährliche Substanzen enthielten. Nach längerem Grübeln fand er die Lösung für dieses etwas ungewöhnliche Problem: er versah jede Schachtel und jede Flasche mit einer Zeichnung.

Der analphabetische Patient erfreut sich noch heute bester Gesundheit.

Ein Herr um die sechzig hatte sich ein Stärkungsmittel verschreiben lassen, das als Basis eine schäumende Säure hatte. Als der Apotheker den Korken ins Fläschchen drückte, sprang er sogleich mit einem Knall in die Luft.

«Donnerwetter», rief der ältere Herr, «ich seh schon, unser neuer, junger Doktor hat genau begriffen, was ich brauche.»

Ein alter Apotheker beriet seine Kundinnen immer auf sehr persönliche Art und wandte dabei oft den Spruch an: «Liebe Dame, nehmen Sie das, es wirkt ausgezeichnet. Meiner Frau hat es sehr geholfen.»

Jeden Donnerstagabend holte er seinen Kollegen zu einem Skat ab. Es war wieder einmal Donnerstagabend, er betritt die Apotheke des Kollegen, sieht eine zögernde Kundin und greift mit seinem Spruch hilfsbereit in das Verkaufsgespräch ein. Die Kundin ersteht tatsächlich das Mittel.

Kaum hat sie das Geschäft verlassen, bricht der Kollege in schallendes Gelächter aus.

«Weißt du eigentlich, was die Alte wollte? Ein Mittel, damit ihre Kühe in Hitze kommen! Und du hast gesagt, daß es bei deiner Frau sehr gut geholfen hat!»

Die Geschichte machte die Runde, und ab dato verzichtete der alte Apotheker auf seine Frau als Verkaufshilfe.

Ein praktischer Arzt wurde öfters von seinen Patienten gefragt, ob ein bestimmtes Stärkungsmittel wirklich so erfolgreich sei, wie die Reklame es verspreche.

Seine Antwort lautete stets: «Erfolgreich? Zweifellos – besonders für diejenigen, die es verkaufen.»

Essen und Trinken hält Leib und Seele zusammen

Daß viele Menschen zuviel essen, darüber besteht kein Zweifel. Gemessen an den Gelagen früherer Jahrhunderte sind wir jedoch die reinsten Hungerkünstler. Von Balzac zum Beispiel wissen wir, daß er, ohne mit der Wimper zu zucken, nach reichlich üppigen Vorspeisen anschließend hundert Austern schlürfte, denen zwei Lammkoteletts, eine Ente, zwei gebratene Wachteln, eine Seezunge und eine nahrhafte Süßspeise folgten. Das Mahl wurde selbstverständlich von den besten Weinen begleitet und durch Kaffee und einige Liköre abgerundet.

Schon wenn man an die Rechnung denkt, bekommt man Magengrimmen.

Die Ärzte hingegen können oft Magengrimmen über die Ausreden ihrer beleibten Patienten bekommen.

Ein Arzt macht einer Patientin Vorwürfe, daß sie sich nicht an seine Vorschriften hält.

«Aber, Herr Doktor, seit Wochen nehme ich keinen Würfelzucker mehr; ich habe ihn durch Puderzucker ersetzt.»

Eine andere Dame stellt sich beim Arzt auf die Waage – 97 Kilo. Erschreckt faßt sie sich an den Kopf, merkt, daß sie ihren Hut aufbehalten hat, und nimmt ihn ab.

Der Arzt bemerkt lakonisch: «97 Kilo mit und ohne Hut.»

Ein Knilch steigt auf die Waage. «35 Kilo», verkündet er bedrückt.

«Kein Wunder, wenn man soviel Süßigkeiten verschlingt wie du», sagt seine Mutter, die gute Gelegenheit wahrnehmend.

Der Sohn stellt sich noch mal auf die Waage – mit demselben Resultat.

«Das versteh ich nicht», murrt er unzufrieden, «diesmal hab ich doch den Bauch ganz doll eingezogen.»

Massagen machen zwar nicht unbedingt schlank, beruhigen aber das Gewissen übergewichtiger Patienten. Und tun auch sonst sehr gut. Zu gut, wie eifersüchtige Ehehälften manchmal meinen.

So erscheint ein düsterer Herr beim Masseur und wird gefragt: «Was fehlt Ihnen?»

«Eigentlich nichts, ich wollte nur mal sehen, was so vor sich geht bei euch, weil meiner Frau Massagen verordnet wurden.»

Andere besorgte Gatten richten es so ein, daß sie «rein zufällig» vorbeikommen, während ihre besseren Hälften durchgeknetet werden.

«Und wie reagieren Sie darauf?» fragte ich meinen Vertrauensmann.

«Zuweilen dankbar», antwortete der Masseur lakonisch.

Anne (drei Jahre alt), Tochter eines Masseurs, fragt ihre um zwei Jahre ältere Schwester: «Was macht Papa eigentlich mit all den Leuten, die immer kommen?»

«Er biegt sie zurecht.»

In einer Diätklinik ist man sehr stolz, weil eine Patientin am Ende der Kur 15 Kilo abgenommen hat.

«Das mit Ihrer Regel kommt auch wieder in Ordnung», meint der Arzt tröstend auf eine diesbezügliche Klage der Dame. «Und dann werden Sie noch ein paar Kilo verlieren.»

Seine Prognose traf ein, aber anders, als er ahnte. Die Dame wurde ein paar Monate später von einem strammen Jungen entbunden!

«Wenn Sie weniger essen, nicht rauchen und nicht trinken, können Sie ohne weiteres hundert Jahre alt werden», sagt ein Arzt selbstzufrieden zu einem Patienten, der gerne von allem ein bißchen zuviel tut.

«Möcht ich wissen, warum ich dann hundert werden soll!» murrt der so Gemaßregelte.

«Haben Sie mit der Milchdiät begonnen?» fragt der Doktor seine beleibte Patientin.

«Noch nicht, Herr Doktor. Sie haben das letzte Mal vergessen zu sagen, wieviel Tropfen ich jeweils nehmen muß.»

Ein ganz unerwarteter Erfolg kommt einem bekannten Diätspezialisten brieflich ins Haus:

«Sehr geehrter Herr Doktor, seitdem ich Sie gesehen habe, bin ich schon viel schlanker geworden. Soll ich den Appetitzügler jetzt noch nehmen oder warten, bis ich wieder dick werde?»

Ganz und gar nicht erfolgreich war die verschriebene Diät jedoch bei der Dame, die beim nächsten Arztbesuch einige Kilo mehr auf die Waage brachte statt weniger.

«Haben Sie auch bestimmt genau das gegessen, was ich Ihnen aufgeschrieben habe?» fragt der Arzt erstaunt.

«Bestimmt, Herr Doktor, nach jeder Mahlzeit.»

Zuweilen verbieten Ärzte ihren Patienten Dinge, ohne zu wissen, was für schlimme Folgen das haben kann. Meint ein Knilch altklug, als sein Vater beim Mittagstisch erzählt, der Arzt habe ihm das Rauchen verboten: «Wenn man einem Raucher die Zigaretten verbietet, wird er zum Psychiater und stirbt an Verzweiflung.»

Doch nicht nur Freßsucht und Rauchlust, auch das Trinken genießt in medizinischen Kreisen keinen guten Ruf. Hier müssen mahnende Ärzte ebenfalls mit merkwürdigen Antworten rechnen.

«Sie trinken wohl recht viel?» fragt ein Arzt seinen Patienten, als er dessen Leber abtastet.
«So ungefähr drei bis dreieinhalb Liter Wein am Tag.»
«Sie sollten Ihren Wein mit Wasser verdünnen.»
«Aber Herr Doktor, dann wären es ja sechs Liter, das ist wirklich zuviel!»

«Trinken Sie statt Kaffe Lindenblütentee», verordnet der Arzt seinem Patienten.
Nach einiger Zeit fühlt der alte Herr sich wohler und fragt: «Kann ich jetzt wieder Kaffee trinken?»
Der Arzt meint, es sei besser, noch etwas bei dem Tee zu bleiben.
«Schade», seufzt der Alte wehmütig. «In Lindenblütentee schmeckt der Kognak einfach nicht so gut.»

«Sie haben eine Zirrhose», sagt der Arzt zu seinem Patienten. «Recht haben Sie», antwortet der, «immer sag ich der Frau, ich hab zerrissene Hosen, aber sie ist ja zu fein, um sie zu flicken.»

Ein Student der Heilgymnastik hingegen hatte über die Zirrhose folgendes zu sagen: «Bei der Zirrhose schwillt die Leber durch zuviel Alkoholgenuß an, und zum Schluß platzt sie. Es ist eine schwere Krankheit, die zuweilen sogar zum Tode führt.»

Über die Gefahren des Alkohols ist viel geschrieben und geredet worden, und so machen sich natürlich auch die Knilche über dieses Thema ihre eigenen Gedanken: «Der Alkohol erregt die Samentiere, daher haben die Alkoholiker so viel Kinder . . . laut Statistik sind von 6 Kindern mindestens fünf von Alkoholikern.»

«Die meisten Alkoholiker findet man auf Cocktailparties, wo die Snobs Whisky trinken, ohne sich dessen bewußt zu sein.»

«Männer, die zuviel trinken, werden eifersüchtig, scharf und mühsam.»

Der kleine Peter wird in der Schule über Schädlichkeit und Folgen des Alkohols aufgeklärt. Abends kommt er nach Hause, setzt sich zu Tisch und hampelt herum, was ihm einen Klaps von seinem Vater einträgt. Puterrot im Gesicht steht er auf und sagt: «Das hab ich gern, erst wird Wein getrunken und dann das eigene Kind geschlagen.»

Erich (vier Jahre) hat sich das Knie aufgeschürft. Seine Mutter holt Watte und Alkohol, um die Wunde zu reinigen.

«Au, Mutti, das brennt ja wie verrückt. Jetzt versteh ich, warum sie im Fernsehen immer sagen, Alkohol sei schädlich für Kinder.»

Ein anderer Knilch erklärt seinem erstaunten Lehrer: «Einen Betrunkenen kann man daran erkennen, daß er stundenlang Auto fährt, ohne es zu merken.»

Einem Prüfling wurde die Frage gestellt: «Kann Alkoholismus zu Tuberkulose führen?»

Die Antwort lautete: «Ja, ein Alkoholiker kann leicht Tuberkulose bekommen, da er sich, sobald er zuviel getrunken hat, in den Straßengraben legt, wo er dann die Abgase der anderen einatmet, was unhygienisch ist.»

Wobei mir auch gleich die Knilche einfallen, die sich in einem Aufsatz über den Nutzen der Hygiene äußern sollen und folgende Erkenntnisse zu Papier bringen:

«Um gesund zu bleiben, sollte man täglich duschen; falls dies nicht möglich ist, genügt es auch, sich einmal in der Woche von Kopf bis Fuß zu waschen.»

«Es ist höchst gefährlich, Fremdkörper (wie zum Beispiel die eigenen Finger) in die Nasenlöcher einzuführen.»

«Bei allen Hausarbeiten muß man vermeiden zu atmen, da man sonst leicht Diphtherie, Durchfall oder Tuberkulose bekommt.»

Gegen Infektionen gibt es – laut einem anderen Knilch – ein wunderbares Vorbeugungsmittel. Er empfiehlt drei Arten von Schutzimpfungen: die Anti-Titanic, die Anti-Sisyphus und die Anti-Trippel.

Und um alle Klarheiten endgültig zu beseitigen: «Ein Vakzin ist ein Präservativ, und ein Serum ist ein Vorbeugungsmittel.»

Weisheitszähne und Zahnweisheiten

Diese Perlen verdanke ich verschiedenen Knilchen und gebe sie in der Hoffnung weiter, daß sie auf bohrende Fragen schmerzlose Antworten geben.

«Kleinen Kindern wachsen Zähne, damit sie an der Mutterbrust saugen können.»

«Ein Mann hat 32 Zähne, eine Frau von 21 Jahren dagegen (falls sie verheiratet ist) hat vier Zähne mehr. Man nennt sie die Weisheitszähne.»

«Die Zahl der Zähne variiert je nach Größe der Kinnladen.»

«Zähne sind aus Emaille und aus Elfenbein der Elefanten gemacht. Sie sind so hart wie ein Tisch.»

«Der Zahnarzt steckt mir einen Fotoapparat in den Mund, um meinen schiefliegenden Zahn zu knipsen.»

«Wenn ein Zahn und ein Nerv sich berühren, dann tut der Zahn weh.»

Den kleinen Lorenz schmerzt die rechte Backe.

«Kau auf der linken Seite», rät die Großmutter.

«Unmöglich, ich bin doch nicht Linkshänder.»

Sylvia erzählt in der Schule strahlend:

«Mein Papa hatte Zahnweh, und da hat ihm der Zahnarzt eine Krone aufgesetzt.»

Ein kleines Mädchen begleitet seine Mutter zum Zahnarzt.

«Ich muß leider den Nerv töten», stellt der Zahnarzt fest.

«Mit einem Gewehr?» fragt die Kleine erschreckt.

«Mami?» fragt die fünfjährige Sophie. «Wenn man einen Zahn verliert, bringt einem doch eine kleine, kleine Maus Bonbons, nicht wahr?»

«Ja, ich glaube schon.»

«Ich habe einen ganz wackligen Zahn. Kannst du die Maus nicht um einen Vorschuß bitten?»

Karies, das große Zahnübel unserer Zeit, wird einem Knilch zufolge «von kleinen Tieren hervorgerufen, die an den Zähnen nagen». Womit er den Kern des Problems genau trifft. Trotzdem wird zur Vertilgung dieser Tiere immer noch viel zuwenig getan. Statistiken behaupten nämlich, daß selbst in hochzivilisierten Kulturnationen Europas nur 32 Prozent der Einwohner täglich zur Zahnbürste greifen. Das erklärt vielleicht die Einstellung folgender Mutter, der ihr Zahnarzt sagte:

«Madame, Ihre Tochter hat einen Abszeß am Zahn.»

«Das wundert mich gar nicht. Seit Jahren predige ich ihr schon, daß ihre Manie, sich täglich die Zähne zu putzen, eines Tages schlimme Folgen haben wird.»

Bei einer Schuluntersuchung prahlt der achtjährige Franz stolz: «Natürlich haben wir zu Hause eine Zahnbürste. Sie gehört Vater.»

«Du riechst aus dem Mund», sagte ein Zahnarzt zu einem hübschen Teenager.

«Na hoffentlich, das ist meine Geheimwaffe.»

Zu einem anderen Patienten sagt derselbe Zahnarzt:

«Ein Glück, der Zahn lebt noch.»

«Ach, woran sehen Sie das? Weil er sich noch bewegt?»

Laut einem Knilch «werden die Zähne mit einer Spritze gezogen». Was dabei passieren kann, erlebte ein Dentist auf dem Land.

«Ich werde Ihnen eine Injektion geben, damit es nicht weh tut», sagt er zu einer braven Frau.

Er geht einen Moment aus dem Zimmer. Als er zurückkommt, kniet seine Patientin mit entblößtem Hintern auf dem Stuhl.

«So hatte ich es nicht gemeint», stotterte er verlegen.

Ein Student der Zahnheilkunde gibt einem Patienten eine Spritze.

«Tut es weh?»

«Nein, nur mein Hals fühlt sich ganz kalt an.»

Kein Wunder, der Student hatte durch die Backe gestochen.

Auch die höchsten Herrschaften früherer Zeiten hatten unter Zahnärzten zu leiden. Ludwig XIV. machte auf diesem Gebiet allerschmerzhafteste Erfahrungen. Lebte er heute, hätte er vielleicht die bildschöne Gräfin imitiert, die bei jeder Behandlung auf einer Vollnarkose bestand.

«Und vor allem, bestellen Sie mich nicht am Ende des Vormittags», verlangte sie nachdrücklich.

«Und warum nicht?» fragte der Zahnarzt verblüfft.

«Ach, wegen meines Chauffeurs. Wissen Sie, diese Leute sind wie die Pferde, die müssen immer zur gleichen Stunde ihr Futter bekommen.»

Ein Kindermädchen erzählte ihrem Arzt folgende Geschichte. «Jahrelang habe ich mich elend gefühlt, und kein Doktor wußte, woran es lag. Aber dann, eines Tages, hat ein Zahnarzt mir gesagt, es läge an meinen Weisheitszähnen, alle vier müßten gezogen werden. Zuerst habe ich natürlich gezögert, aber dann habe ich mir gedacht: lieber dumm werden als krank sein. Und tatsächlich, ich bin jetzt kerngesund und auch gar nicht so viel dümmer geworden. Aber mit der Weisheit war es vermutlich nicht weit her, ich meine, wie kann sie auf verfaulten Zähnen gedeihen?»

Ein junger Zahnarzt mußte einer alten Frau einen Zahn ziehen, hatte aber Angst vor einer Hämorrhagie. Wohl wissend, daß er mit diesem schwierigen Wort auf wenig Verständnis stoßen würde, stellte er seine Frage möglichst einfach.

«Neigen Sie zu starken Blutungen?»

«Aber, Herr Doktor, in meinem Alter! Ich bitte Sie, das hat doch längst aufgehört.»

Aller Anfang ist schwer. Das müssen auch junge Zahnmediziner erfahren. Peinlich, wenn man bei einem Patienten glaubt, eine fortschreitende Zerstörung des Zahnschmelzes und des Zahnbeins festzustellen, und dann belehrt zu werden, daß man eine Zahnprothese vor sich hat.

Früher, als man die Abdrücke noch aus Gips machte, passierten Ungeübten öfters Pannen. Denn kaum wartete man etwas zu lange, wurde der Gips hart und ließ sich nur noch mit einer Fräsmaschine entfernen, was gut und gerne zwei Stunden dauerte, wonach sowohl Zahnarzt wie Patient völlig erschöpft waren. Gelegentlich soll man dem Fortschritt doch dankbar sein.

Ein Ehepaar erscheint beim Zahnarzt.

«Herr Doktor, mir ist etwas Furchtbares passiert. Ich habe eine Zahnbrücke verschluckt.»

«Öffnen Sie den Mund.»

«Das nützt nichts, Herr Doktor, es war nicht *meine*, sondern die meines Mannes.»

Eine Plombe oder eine Brücke zu verschlucken ist zumeist nicht weiter gefährlich; anders verhält es sich schon mit einer Nervnadel.

«Ganz besonders», sagte mir ein Dentist, »wenn der Patient anfängt zu husten und die Nervnadel in die Luftröhre rutscht.»

Dann muß der Patient sofort ins Krankenhaus, wo man ihm einen Schlauch in den Schlund einführt und die Nadel herausholt.

Weit harmloser ist es, wenn die Nervnadel in die Speiseröhre gelangt, weil sie dann in der Regel auf natürlichem Wege ausgeschieden wird. Trotzdem sollte man vorsichtshalber Röntgenaufnahmen machen lassen, um festzustellen, ob sie sich nicht irgendwo festgehakt hat, in welchem Fall man sofort eingreifen muß.

Einem Zahnarzt, dem das Pech widerfahren war, daß seine Patientin eine Nervnadel verschluckt hatte, fiel ein Stein vom Herzen, als sie strahlend lächelnd am nächsten Morgen vor ihm stand.

«Alles ist gutgegangen, Herr Doktor, ein Eingriff war nicht nötig», sagte sie und zog dabei eine kleine Schachtel aus der Tasche. »Die Röntgenaufnahmen müssen Sie viel Geld gekostet haben, und die Nadel ist sicher auch teuer, deshalb habe ich sie Ihnen auch wieder mitgebracht.»

Einem jungen Zahnarzt passierte ein ähnliches Malheur. Er blätterte aufgeregt in seinen Büchern, um zu sehen, was man in solch einem Fall tut. Nach fünf Minuten findet er endlich das Gesuchte. Er stürzt in die Küche und ruft seiner Frau zu: «Schnell, Liebling, kauf eine Büchse Spargel, und gib sie sofort meiner Patientin zu essen, sie hat eine Nervnadel verschluckt.»

Am Abend setzt er sich, noch immer ganz aufgeregt über das Mißgeschick, an den Tisch und springt entsetzt hoch, als seine Frau ihm ein Omelett mit Spargelspitzen serviert.

«Was hast du denn?» fragt diese ganz verblüfft. «Die Köpfe habe ich natürlich für uns zurückbehalten.»

Mit Lauch, Kartoffelbrei oder gar Watte, was man in solchen Fällen auch benutzt, wäre das Abendessen natürlich nicht so delikat ausgefallen.

Schweres Pech verfolgte einen Gast bei einem Galadiner in einem eleganten Restaurant. Er verlor seine Brücke, konnte sie aber unbemerkt in die Serviette spucken. Doch dann wollte es das Unglück, daß sie zu Boden fiel.

Er beschloß, das kompromittierende Delikt liegen zu lassen, bis das Essen zu Ende war, hatte aber nicht mit dem Hund des Besitzers gerechnet, der die Zahnbrücke mit einem saftigen Knochen verwechselte und herzhaft zu kauen anfing, bis er seinen Irrtum entdeckte.

Der Oberkellner rettete den etwas ramponierten Gegenstand und betrachtete sich beim Hinausgehen jeden Gast, bis schließlich der Herr kam, in dem er den Besitzer zu erkennen vermeinte. Diskret ließ er die Prothese in dessen Manteltasche gleiten.

Kaum getan, nuschelte ihm der nächste Gast betreten zu, ob er nicht etwas gefunden hätte.

Geistesgegenwärtig griff der Oberkellner zu einer Kleiderbürste, lief dem anderen Herrn nach, und unter dem Vorwand, einen Fleck zu entfernen, fischte er die Prothese wieder heraus und steckte sie in die Tasche des rechtmäßigen Besitzers.

Ein Zahnarzt behandelt einen Patienten, der nur noch fünf Zähne hat.

«Haben Sie eine Prothese?» fragt er ihn.

«Nein, das sind alles meine eigenen», erwidert der Patient stolz.

Ein anderer Zahnarzt hatte für einen alten Gelehrten ein Gebiß angefertigt. Da er wußte, daß dieser nur selten ausging, schaute er bei ihm vorbei, um zu sehen, ob alles in Ordnung sei.

«Moment», sagte der alte Herr, «ich werde es gleich anziehen.» Damit fischte er das Gebiß aus einem mit Wein gefüllten Glas und meinte dann treuherzig: «Wissen Sie, es schmeckt dann besser.»

Manche Patienten haben es mit ihren Beißwerkzeugen besonders eilig.

«Herr Doktor, ich brauche ein neues Gebiß, mein altes habe ich beim Schwimmen verloren.»

Der Zahnarzt nimmt die Abdrücke und gibt dem Patienten einen neuen Termin.

«Aber, Herr Doktor, ich brauche das Gebiß *sofort*, haben Sie nicht irgendeins da, das man Ihnen zurückgelassen hat?»

Manche Patienten sind unzufrieden.

«Mein Gebiß sitzt schlecht und tut mir weh. Und sagen Sie mir bloß nicht, daß ich zimperlich bin, denn jedesmal, wenn mein Mann es sich einsetzt, sagt er das gleiche», beschwert sich eine Frau.

Eine andere hingegen ist höchst zufrieden. «Aber ich trage es nur nachts. Da stört es mich nicht.»

Gebiß und Zahnbrücken haben den volkstümlichen Kindermund zu vielen tiefsinnigen Bemerkungen angeregt.

Ein Knilch sieht, wie seine Großmutter ihr Gebiß in ein Wasserglas tut, um es zu reinigen.

«Du hast vergessen, die Zunge mit hineinzulegen», sagt er vorwurfsvoll.

Julia sieht erstaunt zu, wie ihre Tante ihr Gebiß aus dem Mund nimmt. «Komisch», sagt sie, «meine sind fest angenagelt.»

Ihre Schwester Maria ist nicht weniger erstaunt und fragt: «Kannst du auch deine Zehen herausschrauben?»

Sehr gut kann man den Bauern verstehen, der – kaum hat ihm der Zahnarzt das neue Gebiß eingesetzt – ein dickes

Butterbrot aus der Tasche zieht und, nachdem er es nachdenklich verzehrt hat, anerkennend sagt:

«Ja, die Zähne sind brauchbar.»

Erste Hilfe

Der Direktor einer Schule hatte die gute Idee, einen Erste-Hilfe-Kurs einzurichten, an dem die Schüler freiwillig teilnehmen konnten. Am Ende des – übrigens sehr gut besuchten – Kurses wurden Fragen gestellt. Trotz der vielen richtigen Antworten kamen zum Glück auch die «Perlenfischer» nicht zu kurz.

«Bei einem Verkehrsunfall sollte man dem Verletzten vor allem Schnaps einflößen. Dann ist er betrunken und schreit nicht mehr.»

«Beim Transport eines Verletzten muß man darauf achten, daß man den Kopf mit der Büste zu fassen kriegt.»

«Die Beine werden stets vorne angehoben.»

«Arterielle Blutungen stoppt man, indem man die Gefäße an den Armen durchschneidet. Bei venösen Blutungen dagegen ist der Blutfluß gleichmäßig und leicht zu steuern.»

«Im Fall von Nasenbluten muß man einen Knebel auf die Nase legen oder das Nasenloch damit zustopfen.»

«Einen Menschen, der einen Sonnenstich erlitten hat, muß man in den Schatten bringen und ihm etwas Kühles auf den Kopf legen, z. B. ein Stück Butter.»

«Um Gehängte, Ertrunkene und Erstickte zu retten, muß man sie an den Füßen aufhängen und ihnen kräftig Ohrfeigen versetzen.»

«Die Mund-zu-Mund-Beatmung hat nur dann Erfolg, wenn man sie sofort nach dem Tod anwendet.»

«Im Fall eines Schocks muß der arterielle Blutdruck gemessen werden, der in diesem Fall nicht meßbar ist.»

«Ertrunkene oder Erstickte muß man – mögen sie auch noch so tot aussehen – sofort künstlich beatmen. Erst wenn an ihnen Verwesungsmerkmale zu beobachten sind, ist Hopfen und Malz verloren.»

«Einen Ertrunkenen muß man gleich nach der Bergung mit Wasser bespritzen, damit er wieder zu sich kommt.»

«Nach der Operation muß die Krankenschwester im Bett abwarten, bis der Patient zu sich kommt.»

«Bei einem Beinbruch muß man den Gipser kommen lassen.»

«Gebrochene Schenkelknochen werden eingegipst, anschließend wird das Bein aufgehängt.»

«Bevor ein Kranker in den Operationssaal gefahren wird, muß man ihm das Gebiß und den Familienschmuck abnehmen.»

«Im Operationssaal muß alles sterilisiert werden, angefangen von den Instrumenten bis zu den Ärzten.»

«Die Konvaleszenz nennt man die Genesungszeit eines Patienten, der nicht gestorben ist.»

Bei vielen Menschen besteht die Idee einer Ersten Hilfe hauptsächlich darin, möglichst schnell an die Unfallstelle zu gelangen und zuzuschauen. So geschah es einem Arzt, der sich durch eine solche schaulustige Menge hindurchzwängen mußte, daß ihn jemand unsanft an der Schulter festhielt und fauchte: «He, Sie, ich war vor Ihnen da!»

Andere sind in ihrem Hilfebedürfnis wiederum gar nicht zu bremsen. In einer Notfallstation wird ein Mann eingeliefert, der sich heftig dagegen wehrt, ausgezogen zu werden. «Mir fehlt nichts», versichert er immer wieder, aber umsonst, denn der junge Notfallarzt will ihm nicht glauben und erklärt ihm, nach einem Schock könne man nie wissen . . .

«Aber ich habe ja gar keinen Schock, ich bin doch nur Unfallzeuge», verschafft sich der arme Nicht-Patient endlich Gehör.

Eine junge Spanierin sieht im Schwimmbassin einen Mann, dessen Nasenspitze gerade noch aus dem Wasser herausschaut. Voller Hilfsbereitschaft eilt sie zu seiner Rettung. Der angeblich Ertrinkende blickt sie zornfunkelnd an. Er war ein Liliputaner.

«Sind Sie sozialversichert?» fragt die Aufnahmeschwester den Notfallpatienten.

«Nein, intellektuell.»

Ein Fall von versuchtem Selbstmord wird eingeliefert. «Erzählen Sie mal, wie ging denn das vor sich», fragt der Arzt, als er den Mann wieder einigermaßen bei Bewußtsein hat.

«Ich habe den Gashahn geöffnet, aber als ich gar keine Luft mehr kriegte, hab ich das Fenster aufgemacht. Das war ganz bestimmt mein Konversationsinstinkt. Und dann kam die Feuerwehr.»

«Haben Sie nach dem Unfall das Bewußtsein verloren?» fragt der Notfallarzt.

«Nein, verloren habe ich nichts.»

«Hatten Sie motorische Störungen nach dem Zusammenstoß?»

«Nein, mein Motor blieb unbeschädigt.»

Die gute Samariterin

Der kleine Hans kommt in ein katholisches Krankenhaus und sieht sich einer Statue der Heiligen Jungfrau Maria gegenüber.

«Ach, was für eine hübsche Krankenschwester!» ruft er aus.

Manch einem mag die Krankenschwester tatsächlich schon wie die Jungfrau Maria persönlich erschienen sein. Und im allgemeinen, wenn man diese guten Geister in ihrer lächelnden Unbeirrbarkeit durch die Säle und Gänge schweben sieht, kann man sich kaum vorstellen, daß auch *sie* recht handfeste «Perlen» zu liefern imstande sind. Vor allem, wenn ihr dornenvoller Weg noch unberührt von Erfahrungen vor ihnen liegt.

Während einer Prüfung herrschte unter den Kandidatinnen die größte Uneinigkeit über die definitive Lage des Sprungbeins (Fußwurzelknochen). Sie suchten es in allen möglichen Körpergegenden, bloß nicht in der richtigen. Eine behauptete, es befände sich in der Bauchspeicheldrüse, eine andere wollte es gar in die Nase versetzen, eine dritte zwischen die Bronchien. Als der Prüfer alle Antworten von sich wies, sagte die vierte plötzlich erleichtert: «Ich weiß, es ist der Hauptknochen in unserem Gehirn!»

Gelegentlich unterlaufen während der Lehrzeit auch kleine Fehler, wie zum Beispiel der Schwester, die zwei Dosen Vitamin B6 verabreichte, «weil wir gerade kein Vitamin B12 mehr vorrätig haben».

Und alles *kann* man schließlich nicht wissen. «Wann soll ich das Zäpfchen wieder herausnehmen, das ich der Patientin gerade gegeben habe?»

Eine Krankenschwester bereitete einer alten Bäuerin ein Bad vor und ließ sie allein. Als sie nach einer halben Stunde wiederkam, saß die arme alte Frau ganz verzweifelt auf dem Rand der Badewanne.

«Wie soll ich denn so viel Wasser auf einmal austrinken?» fragte sie unter Tränen.

Dafür saß eine andere bei Wiederauftauchen der Schwester mit voller Bekleidung, Handtasche und aufgespanntem Schirm im reinigenden Naß.

Auf dem Land kommt die Gemeindeschwester zu einem alten Mann, um ihm eine Spritze zu geben.

«Machen Sie den Po frei.»

Der Alte fängt zögernd an, das eine Hosenbein hochzukrempeln.

«Wenn Sie an *dem* Ende anfangen, stehe ich morgen früh noch hier!»

«Einige Kranke», erzählte mir dieselbe Schwester, «bekommen die Spritze lieber in die rechte Hinterbacke, andere wieder in die linke.»

Eines Tages fragte sie einen Patienten.

«Rechts oder links?»

«Das ist mir egal, solange Sie mich nicht in die Mitte piksen.»

Von einer bettlägerigen alten Dame wurde sie gebeten:

«Können Sie mir eine Pediküre schicken? Sie soll mir die Füße schneiden.»

Und ein alter Mann zierte sich, als sie ihn waschen wollte: «Schicken Sie einen Herrn, aber einen ganz katholischen.»

Gemeindeschwestern können überhaupt ein ganz spezielles Liedchen über ihre Patienten singen. Sich innerhalb der schützenden eigenen vier Wände in Sicherheit wiegend, führt sich da manch einer so auf, wie er es im Krankenhaus nie wagen würde.

Am frühen Morgen wird die Gemeindeschwester angerufen: «Kommen Sie bitte, es geht mir nicht gut.» Als die Schwester an der angegebenen Adresse eintrifft, wird sie von einer hochnäsigen Dame empfangen: «Sie können gleich wieder gehen, ich brauche Sie nicht mehr.»

«Aber was war denn los?» will die Schwester wissen.

«Meine Köchin und meine Putzfrau sind zur gleichen Zeit ausgegangen, und ich hatte niemand, der dem Gasableser die Tür aufmacht.»

Eine Gemeindeschwester gibt ihrer Vertreterin Instruktionen über einen Patienten. «Sie müssen ihn waschen und seine Mahlzeiten zubereiten. Und wenn er ein Bedürfnis hat, geben Sie ihm die Bettflasche.»

«Wieso, trinkt er?»

Die Stunde der Wahrheit

Mit dem Aufkommen des Fernsehens ist der Klapperstorch endgültig ausgestorben. Trotzdem bleiben die Vorstellungen der Knilche über Sex und das Liebesleben immer noch etwas nebelhaft, wie man gleich sehen wird.

Kurtchen (fünf Jahre) starrt begeistert in die Röhre. Eines Tages geschieht etwas, das ihn besonders fasziniert.

«Mutter! Was machen die denn jetzt?»

«Oh, sie heiraten gerade», stottert die Mutter etwas verlegen.

«Hat sich Vater auch auf dich gesetzt und dich an den Haaren gezerrt, als ihr geheiratet habt?»

Katrin betrachtet interessiert ein Paar, das sich recht inniglich auf dem Bildschirm umarmt.

«Sag mal, Mutti, ist das der Moment, wo die Körner des Herrn in die Dame springen, um ihr ein Baby zu machen.»

Worauf sich der Bruder Oliver (drei Jahre) höflich erkundigt: «Wie hat Papi denn die Körner in dich hineinbekommen? Mit einem Trichter?»

Eine schwangere Mutter beschließt an einem ruhigen Sonntag, ihren Sohn über das bevorstehende Ereignis aufzuklären. Der hört auch brav zu, zeigt sich aber wenig beeindruckt. Am nächsten Tag kommt er aus der Schule.

«Mami, wieviel verdienst du monatlich?»

«Das geht dich nichts an.»

«Na also, so was! Gestern ödest du mich stundenlang mit Geschichten an, die mich einen feuchten Schmutz interessieren, und heute frage ich dich etwas Wichtiges, und da gibst du mir keine Antwort!»

Isabelle (acht Jahre) ist in der Schule aufgeklärt worden. Sie kommt nach Hause und verlangt von ihrem Vater, daß er sofort, noch in derselben Nacht, ein Schwesterchen für sie produziert.

«Ich denke nicht dran», sagt der Vater, «mir noch so eine Heulsuse wie dich anzuschaffen.»

«Also gut, wenn du nicht willst, dann geh' ich gleich morgen früh auf die Straße und bitte den nächsten besten Herrn, Mami und mir diesen kleinen Gefallen zu tun.»

Manche Eltern möchten gerne vorher wissen, ob das Baby ein Junge oder ein Mädchen wird. Ein alter Apotheker war berühmt für seine Voraussagen. Er ließ ein Pendel über dem Bauch der schwangeren Frau schwingen und sagte mal einen Jungen, mal ein Mädchen voraus, schrieb aber jedesmal vorsichtshalber das entgegengesetzte Geschlecht auf ein Stück Papier, so daß er, wenn seine mündliche Prophezeiung nicht eingetroffen war, triumphierend auf den Zettel verweisen und sagen konnte: «Aber nein, Sie haben sich verhört. Sehen Sie, ich habe es mir extra aufgeschrieben.»

Eines Tages überrascht er seine zwei Enkelkinder, die ein Pendel über einem Milchkrug schwingen lassen.

«Was macht ihr denn da?» fragt er erstaunt.

«Der Erwin hat gesagt», piepst die Enkelin und weist auf ihren Bruder, «das hier wäre ein Milchkrug, und ich habe gesagt, es ist eine Weinkanne. Und nun wollen wir sehen, welches Geschlecht der dumme Topf hat.«

«Die aufgeblasenen Damen», wie die vierjährige Ursula schwangere Frauen nennt, leiden je nach Veranlagung mehr oder weniger unter ihrem Zustand, doch gelegentliche Anfälle von Übelkeit sind bei allen unvermeidbar. Ein kleiner Junge, dem dies bei seiner Mutter nicht entgangen war, sagt beim Anblick von Spinat, den er besonders haßt:

«Nein, danke, mir ist schlecht. Ich erwarte ein Kind.»

«Red keinen Unsinn», herrscht der Vater ihn an, «Jungens bekommen keine Kinder.»

«Ja, aber ich helfe Mutti dabei, eins zu bekommen.»

Eine Dreijährige erfährt, wo sich das kommende Baby befindet. Sie legt das Ohr an den mütterlichen Bauch und ruft: «Hallo, hallo, wer spricht?»

Eine andere Mutter erklärt, sie trüge das Baby unter ihrem Herzen, bis zu dem Tag, wo ihre kleine Tochter erschreckt ruft: «Um Himmels willen, Mutti, das Baby ist abgestürzt. Es liegt jetzt in deinem Bauch.»

Bei einem Spaziergang bleibt der sechsjährige Klaus wie versteinert auf der Straße stehen und starrt eine Bucklige an. «Oh, Gott», sagt er voller Mitleid, «die Arme hat sich geirrt, sie trägt ihr Kind hinten.»

Natascha (fünf Jahre) erkundigt sich besorgt: «Aber wie kommt das Baby heraus?»

«Oh, es fängt heftig zu stoßen an.»

«Ach, ich weiß schon: Sesam öffne dich.»

Ein anderes kleines Mädchen, dessen Mutter ein Kind erwartet, erklärt ihren atemlos lauschenden Mitschülerinnen: «Und vom sechsten Monat an sind die Babies schon einen Teil des Tages richtig wach.»

Eine Lehrerin erzählt ihren Schülern, daß man in Sparta schwächliche oder verkrüppelte Kinder umbrachte, weil sie ihrer Vaterstadt nicht von Nutzen waren.

«Heißt das», fragt ein Knilch, der es genau wissen wollte, «daß man ein Kind, das mit einem Holzbein zur Welt kam, einfach abgemurkst hat?»

Ein vierjähriges Mädchen ist außer sich vor Freude, weil sie zum erstenmal ihr neues Brüderchen betrachten darf. Die Mutter hebt den Säugling vorsichtig aus der Wiege.

«Au weia», sagt die Kleine ganz erschreckt, «dem haben sie ja den Kopf nicht fest genug angeschraubt.»

Der Knabe Edgar hingegen betrachtet voller Verachtung sein eben geborenes Schwesterchen. «Na, so'n Reinfall», murrt er, «ich wollte einen Jungen in meinem Alter, was soll ich denn mit 'nem kleinen Mädchen anfangen?»

Ein anderer Knabe betrachtet das neue Schwesterchen stirnrunzelnd. «Die ist ja ganz zerknittert angekommen», sagt er empört, «habt ihr denn für den Transport keine größere Kiste auftreiben können?»

Der kleine Vinzenz bittet immer wieder um ein Brüderchen. Seine Mutter, die weiß, daß sie keine Kinder mehr haben kann, vor komplizierten Erklärungen aber zurückschreckt, bringt die Sache auf einen einfachen Nenner: «Dafür haben wir kein Geld.»

«Nicht einmal für eine Okkasion?» fragt Vinzenz enttäuscht.

Nicht alle Erwachsenen haben das Glück, so fabelhaft aufgeklärt aufgewachsen zu sein wie unsere Knilche. Auch heute kann die Hochzeitsnacht noch manchmal zum Problem werden.

Zu einem Frauenarzt kommt eine Dame Anfang Vierzig. Sie setzt sich hin, zieht ein kleines Notizbuch aus der Tasche und sagt: «Herr Doktor, ich bin Jungfrau und will mich in zwei Wochen verheiraten. Könnten Sie mir bitte zwei Fragen beantworten. Erstens: wie geht der Geschlechtsakt vor sich; zweitens: was sind meine Rechte und Pflichten gegenüber meinem zukünftigen Gatten?»

Der Arzt hält der Braut einen kleinen Vortrag, währenddessen sie gewissenhaft die wichtigsten Punkte notiert.

«Ich würde mich sehr freuen, von Ihnen zu hören», sagt der Gynäkologe abschließend.

«Das versprech ich Ihnen.»

Zwei Wochen später erhält er ein Telegramm. «Großer Erfolg. Vielen Dank für Erklärungen.»

Nicht jeder Hochzeitsnacht ist so viel Erfolg beschieden.

Ein junges Bauernmädchen heiratet. Der Ehemann verlangt von ihr, sie solle sich vor dem Zubettgehen die Füße waschen. Sie tut es wortlos. Danach zieht sie Strümpfe und Schuhe wieder an und ward nicht mehr gesehen.

Zu einem Arzt kommt eine Italienerin. Sie ist völlig aufgelöst, weil sie ihre Tage nicht bekommt. Der Arzt untersucht sie und teilt ihr mit, daß sie schwanger ist.

«Unmöglich, Herr Doktor, *mio marito* und ich, wir bringen Opfer, großes Opfer.»

Nach längerem Drängen gesteht die Dame verschämt, worin das Opfer besteht.

«Er trägt Hülse.»

«Na, dann haben wir es mit Hülsenfrüchten zu tun», erwidert der Arzt lakonisch.

Ein alter Herr kommt zum Apotheker und bittet um Präservative.

«Sechs, zwölf, fünfundzwanzig?»

«Das kann ich Ihnen leider nicht sagen, sie sind nämlich nicht für mich, daher weiß ich die Größe nicht.»

Doch am sichersten ist immer noch die Pille, wenn auch nicht in allen Fällen.

Eine junge Arbeiterin kauft sich an einem Freitag eine Packung und vertraut dem Apotheker an: «Ich nehme sie nämlich nur am Wochenende, jeden Tag kämen sie mir zu teuer.»

Ein andermal kommt zum selben Apotheker ein bieder aussehender Mann mit dem gleichen Wunsch.

«Aber Sie wissen natürlich, daß nicht *Sie* die Pille schlucken sollen», warnt er den Kunden.

«Weiß ich, weiß ich, meine Frau löst sie immer in der Suppe auf, damit unsere Töchter und Schwiegertöchter gleich mit profitieren.»

Kein Wunder also, daß die Pille gelegentlich versagt. Zu einem Gynäkologen kommt eine junge Frau und erfährt, daß sie schwanger ist.

«Nicht möglich!» ruft sie empört. «Für das kurze Vergnügen gleich solche langen Folgen.»

Eine andere Frau hatte das genau entgegengesetzte Problem. Sie wollte ein Kind und bekam keins. Der Arzt gab ihr ein paar Ratschläge und bat sie, in einem Monat mit ihrem Mann wiederzukommen.

«Wie oft haben Sie Verkehr gehabt?» fragt er den Mann.

Dieser sieht ihn verständnislos an.

«Der Doktor meint, wie oft du mir auf die Pelle gerückt bist», erklärt die Frau.

Ein Lächeln des Verständnisses gleitet über das Gesicht des Herrn Gemahls. «Kein einziges Mal, seit meine Frau bei Ihnen war», beteuert er. «Ich wollte Ihnen doch nicht ins Handwerk pfuschen.»

Ein Tierarzt bekam folgenden Brief:

«Von meiner Nachbarin höre ich, daß Sie Ihre Kuh, die nicht trächtig wurde, mit großem Erfolg behandelt haben. Da ich mich in der gleichen Lage befinde . . .»

Andere Damen wenden sich für das Gegenteil an den Apotheker. «Könnten Sie mir für meine Mutter einen starken Tee geben, weil sie nicht mehr mensuriert.»

In solch mißliche Lagen gerät man natürlich nicht, wenn man den frommen Wunsch einer Schülerin der vierten Klasse befolgt, die in einem Aufsatz über die Liebe schrieb:

«Man sagt, es gäbe Menschen, die von Luft und Liebe leben. Mir würde es besser gefallen, von Bonbons und Liebe zu leben.»

Realistischer wird das Thema von einem aufgeklärten Teenager behandelt: «Liebe ist ja ganz gut und schön, aber man kann dabei auch höllisch reinfallen, und dann muß man sein Leben lang Sakramente zahlen.»

Aufgeklärt oder nicht, Pille hin oder her, Kinder werden nach wie vor alle Tage (und zum Leidwesen von Ärzten und Hebammen auch alle Nächte) geboren. Gelegentlich haben es die kleinen Erdenbürger besonders eilig, das Licht dieser besten aller Welten zu erblicken.

Eine Frau wird ins Krankenhaus eingeliefert, nachdem

ihre Fruchtblase schon gesprungen ist.

«Entschuldigen Sie, Herr Doktor», sagt sie bedrückt, «ich habe wohl aus Versehen die Flasche zerbrochen.»

Eine andere Frau, die kurz vor der Niederkunft steht, kommt ins Hospital; sie ist jedoch in einem so verschmutzten Zustand, daß man sie zuerst mal in ein Bad steckt.

«Ach, ist das die schmerzfreie Entbindung?» fragt sie begeistert. «Davon muß ich gleich meinen Nachbarinnen berichten.»

Drillinge zählen noch immer zu den Seltenheiten, und die Reaktionen überraschter Väter können verschieden ausfallen, wie die zwei folgenden Geschichten beweisen.

Ein Vater, dem berichtet wurde, daß seine Frau mit Drillingen niedergekommen ist, sagte gelassen: «Das erstaunt mich in keiner Weise, wir wurden zweimal unterbrochen.»

Eine Algerierin hingegen, die schon sechs Töchter hatte und deren Mann sehnlichst auf einen Stammhalter wartete, brachte Drillinge – wiederum drei Mädchen – zur Welt.

«Bitte sagen Sie es meinem Mann», bat sie den Arzt, «ich wage es einfach nicht. Er springt mir glatt an die Gurgel.»

Der Arzt wandte sich an die Hebamme: «Ich glaube, Sie sind die geeignete Person, dem Herrn Gemahl die frohe Botschaft zu überbringen.»

Die Hebamme wandte sich an die Krankenschwester: «Meine Liebe, ich bin im Moment zu beschäftigt, würden Sie bitte . . .»

Das Ende der Geschichte ist unbekannt.

Wenn man einem gut informierten Knilch Glauben schenken soll, dann ist eine Frühgeburt ein Baby, das vor der Geburt zur Welt kommt.

Die Ärzte fügen dem hinzu, daß – laut Statistik – das erste Kind am häufigsten eine Frühgeburt ist. Es kommt also der Logik unseres Knilches folgend nach der Geburt zur Welt, vor allem, wenn die Hochzeit erst vor sieben Monaten stattgefunden hat und die Mutter Wert auf ihren guten Ruf legt.

«Also, Herr Doktor, ist das Kind nun vor der Zeit gekommen?» fragt die neugierige Nachbarin.

«Auf jeden Fall ist es zu früh gekommen», erwidert diplomatisch der Arzt.

Andere Babies dagegen kommen äußerst pünktlich an. Ein Arzt erzählte mir: «Ich habe heute eine Frau entbunden, die genau auf den Tag neun Monate nach ihrer Hochzeitsnacht einen Sohn gebar. Aber das Merkwürdigste dabei war, daß drei Stunden später auch ihre Mutter ein gesundes Baby zur Welt brachte.»

Dann gibt es Kinder, die zu spät geboren werden, und wie man einem amtlichen marokkanischen Rundschreiben vom 11. Juli 1955 entnehmen kann, gibt es offenbar Fälle von Schwangerschaften, die wesentlich länger als neun Monate dauern.

«Uns ist der Fall einer muselmanischen Witwe zur Kenntnis gelangt, die 18 Monate nach dem Tod ihres Mannes ein Kind zur Welt gebracht hat, das sie ins Standesregister unter dem Namen des Verstorbenen einzutragen wünscht. Die Frage wirft sich nun auf, ob die Regel der ‹eingeschlafenen Leibesfrucht›, die unter dem muselmanischen Gesetz anerkannt wird, sich bei Geburtserklärungen dieser Art auch auf den zivilen Personenstand ausdehnt.

Wir haben die Ehre, die Meinung des Herrn Justizministers, den wir konsultierten, hiermit bekanntzugeben. Die maximale Dauer einer Schwangerschaft ist von den Juristen auf fünf Jahre festgesetzt, man kann daher der Behauptung der Witwe X nur Glauben schenken. Der Herr Justizminister empfiehlt jedoch – was aber keinerlei Zweifel auf die Glaubwürdigkeit der Aussage werfen soll –, daß in einem solchen Fall, bevor das Kind in das Standesamtsregister als direkter Nachkomme des Verstorbenen eingetragen wird, die Miterben ihn als solchen anerkennen.»

Ein Arzt wird um 11 Uhr nachts angerufen.

«Herr Doktor, bitte kommen Sie sofort, unsere Lulu (18 Jahre) hat einen ganz geschwollenen Bauch und furchtbare Schmerzen.»

Der Arzt untersucht sie und sagt: «Sie kriegen ja ein Kind!»

«Ich weiß», antwortet Lulu, «aber sagen Sie es bloß nicht weiter.»

Lulu gab sich nämlich noch als Jungfrau aus und stützte sich dabei auf die Definition einer braven Belgierin, die steif und fest behauptete: «Eine Jungfrau ist ein junges Mädchen, das ein Kind bekommen hat, bevor sie verheiratet ist.»

Ein anderes Mädchen wird von seiner Mutter zum Arzt begleitet und versucht sich aus einer ähnlichen Situation herauszureden.

«Ich bekomme immer so Blähungen, wenn ich Weißbrot esse.»

Der Arzt erklärt der besorgten Mutter daraufhin: «Ihre Tochter hat Weißbrot gegessen, und bald wird es aus dem Ofen kommen.»

Ein Landarzt hatte eine Bäuerin schon zweimal ohne Schwierigkeiten entbunden. Beim dritten Mal mußte er eine Zange zu Hilfe nehmen.

Der Bauer sah ihn mißtrauisch von der Seite an. «Hier stimmt doch was nicht, Herr Doktor! Warum waren denn meine ersten beiden Kinder bereits fertig, als sie kamen, und dieses nicht?»

Ein frischgebackener Arzt assistiert bei einer Geburt. Als er dem Ehemann die frohe Nachricht überbringt, ist dieser vor Freude den Tränen nahe.

«Es ist nämlich mein erstes», erklärt er.

«Meins auch», sagt der junge Doktor fast ebenso gerührt.

Neulich wurde mir von einem Arzt berichtet, der zwar sein Staatsexamen gemacht hatte, aber noch nie Gelegenheit hatte, bei einer Geburt zu assistieren. Als er einen älteren Kollegen vertrat, wurde er auf einen Bauernhof gerufen.

«Handelt es sich um eine Niederkunft?» fragte er und setzte sich – nach der bejahenden Antwort – auf einen Stuhl neben dem Bett der Frau.

«Warum tun Sie denn nichts?» drängt der werdende Vater nervös.

«Ja . . . ja natürlich, doch . . . ich brauche einen Tisch. Nein . . . nicht der, der ist . . . äh . . . zu hoch. Sie müssen ihm die Beine absägen.»

Der Vater sägt die Beine ab.

«So und jetzt», sagt der Arzt, «jetzt . . . holen Sie schleunigst die Hebamme.»

Die eingebildeten Kranken

Hypochonder sind Menschen, die sich ständig um ihre Gesundheit Sorgen machen. Diderot, der bekannte französische Schriftsteller und Philosoph aus dem 18. Jahrhundert, berichtet von einem Engländer, der einen berühmten Arzt konsultierte.

«Der einzige Mensch, der Ihnen helfen kann, lebt in einer sehr fernen Stadt», sagte der Arzt, der sofort sah, mit welcher Art von Patient er es hier zu tun hatte.

«Ach so! Wo, bitte?» drängte der Engländer.

«In Moskau.»

Der Engländer begibt sich also nach Moskau, nicht ahnend, daß ihm bereits eine Nachricht an den russischen Doktor vorausgeeilt ist. Als der hypochondrische Engländer in der Hauptstadt des Herrschers aller Reußen ankommt, wird ihm gesagt, der gesuchte Arzt sei gerade nach Rom gefahren. Unser beharrlicher Engländer reist nach Rom, wo ihm voller Bedauern mitgeteilt wird, daß der einzige Mann, der ihn retten kann, in Paris sei. Von Paris wird er noch ein wenig herumgejagt und dann in seine Heimatstadt London geschickt, wo er schließlich geheilt ankommt.

«Der beste Arzt», schließt Diderot seine Geschichte, «ist immer derjenige, den man sucht, jedoch nie findet.»

In einem Krankenhaus erscheint aufgeregt ein Mann. «Bitte helfen Sie mir. Ich habe neben meinem Bett immer ein Glas Wasser stehen, und im Halbschlaf habe ich das Glas ausgetrunken und dabei den Löffel verschluckt, der drin war. Ich spür ihn da, es tut höllisch weh, sicher hat er sich quergelegt», deutet er aufgeregt auf seine Brust.

Man stellt den Mann sofort vor den Röntgenschirm, aber der Löffel ist nicht zu sehen.

«Ich hab ihn aber verschluckt», beharrt der Mann.

«Hören Sie», sagt der Röntgenologe ein wenig ungeduldig, «ich habe noch nie von einem unsichtbaren Löffel gehört.»

Nach einiger detektivischer Kleinarbeit stellt sich heraus, daß der Mann geträumt hatte, er hätte den Löffel verschluckt, hätte Schmerzen und wäre mit Schmerzen aufgewacht. Die Schmerzen verschwanden erst dann, als er den Löffel wohlbehalten im Glas neben seinem Bett stehen sah.

Ein Arzt verschreibt einer Dame, die vor Gesundheit strotzt, sich aber für schwerkrank hält, völlig harmlose grün-rote Kapseln.

Acht Tage später kommt die Patientin wieder und beklagt sich, das Medikament hätte ihr nicht geholfen.

«Wie herum nehmen Sie die Kapseln denn ein?»

«Das weiß ich nicht.»

«Nun ist mir alles klar», sagt der Arzt mit todernster Miene. «Sie müssen die Kapseln mit der grünen Seite zuerst einnehmen.»

Schon nach drei Tagen rief die Dame bei ihm an und erklärte, es ginge ihr wesentlich besser.

Aber nicht nur phantasiebegabte Einzelgänger können merkwürdige Symptome produzieren. Manchmal werden ganze Familien davon befallen.

In einer italienischen Stadt sitzen Mama, Papa und fünf Bambinis um den Tisch und essen Pilze.

Eine Stunde später entdeckt der Vater die Hündin Bella, die auf der Seite liegt, japst und offensichtlich krank ist.

«Vermutlich hat sie von den Pilzen gegessen und ist vergiftet», sagt die Mama.

«Und wir?» schreien die entsetzten Familienmitglieder und greifen sich an den Magen. Sekunden später krümmen sich alle vor Schmerzen und werden ins Krankenhaus eingeliefert.

Doch bevor man zu drastischen Maßnahmen greifen mußte, kam eine Nachbarin angerannt und berichtete, daß die Hündin Junge geworfen habe.

Die noch eben todkranke Familie erholte sich auf der Stelle.

In seinen Memoiren schreibt der Herzog de Lévis, daß alle die zartbesaiteten, kränkelnden Damen während der Französischen Revolution vollkommen ihre Leiden vergaßen und nicht nur die Entbehrungen gut überstanden, sondern sogar entdeckten, daß man sich auf den eigenen zwei Beinen fortbewegen konnte, was sie vollständig verlernt hatten.

Es ist immer wieder erstaunlich, welche Wirkungen Krieg, Revolutionen und Katastrophen auf das menschliche Nervensystem haben. In friedlichen Zeiten aber müssen sich die Ärzte etwas einfallen lassen.

Théodore Tronchin (1709–1781), der Leibarzt des Herzogs von Orléans, empfahl einer jungen Dame, Böden zu scheuern. Die Therapie war so erfolgreich, daß bald die ganze feine Gesellschaft von Paris morgens bei dieser Beschäftigung anzutreffen war. Scheuern war «in». Vor allem aber gesund!

Auch der Arzt David Gruby (1810–1898) muß ein einfallsreicher Mann und glänzender Psychologe gewesen sein, der seine Pappenheimer gut kannte.

Eines Tages wurde er zu einer reichen Kaufmannsfrau geholt, die sich in einer Nervenkrise befand und niemand mehr erkannte.

«Bringen Sie mir etwas Petroleum, einen Pinsel und einen Fidibus», befahl Gruby dem erstaunten Diener. Als dieser das Gewünschte brachte, bestrich Gruby die kostbaren Damastvorhänge des Schlafzimmers mit Petroleum.

«Was machen Sie denn da?» rief die Dame empört.

«Ich kuriere Sie von ihrem Leiden, Madame», antwortete Gruby ungerührt.

Bei einer anderen Dame, die während des Essens von einer plötzlichen, unerklärlichen Lähmung befallen wurde, leerte Gruby den Inhalt der Soßenschüssel auf den kostbaren Perserteppich.

Als die Dame von ihrem Stuhl hochschnellte, sagte Gruby gelassen: «Ah, ich sehe, es geht schon viel besser, Madame. Sollen wir die Behandlung fortsetzen?»

Ein Patient von Gruby hatte Verdauungsbeschwerden.

«Bitten Sie Ihre Frau, winzige belegte Brötchen zuzubereiten und sie in der Wohnung zu verstecken.»

Der geplagte Mann war so damit beschäftigt, seine Nahrung zu suchen, daß er keine Zeit mehr hatte, sich ständig zu beobachten, was seiner Verdauung sehr zugute kam.

Bei Alexandre Dumas' Sohn soll Gruby jedoch keinen Erfolg erzielt haben, als er ihm bei dem gleichen Leiden riet, jeden Tag spazierenzugehen, alle paar Schritte stehenzubleiben und von einem Brötchen abzubeißen.

Meinen eigenen Großvater hingegen hat er geheilt.

«Was sind Sie von Beruf?» fragte er ihn, als er in seine Sprechstunde kam und über Verdauungsbeschwerden klagte.

«Schriftsteller.»

«Gut», sagte Gruby, «dann führen Sie genau Buch über alles, was Sie zu sich nehmen, und zeigen Sie mir jede Woche Ihre Notizen.»

In der ersten Woche schrieb mein Großvater jeden Krümel auf, den er gegessen hatte, und ging damit zu Gruby.

«Machen Sie nur so weiter», befahl ihm dieser.

Nach der zweiten Woche war der Bericht schon sehr viel kürzer. Am Ende der vierten Woche gab mein Großvater das Ganze auf. Er war kuriert.

Doch kehren wir in die Gegenwart zurück.

Penizillin war zweifellos eine epochemachende Erfindung, aber «man soll nicht mit Kanonen auf Spatzen schießen», wie mir ein alter praktischer Arzt sagte und folgende Geschichte erzählte:

«Ich wurde abends zu einem Jungen gerufen, der grüne Pflaumen gegessen und infolgedessen Magenschmerzen hatte. Ich verordnete ihm, viel Wasser zu trinken und ein wenig Wismut zu nehmen. Noch während ich mit den Eltern redete, rief die Mutter des Freundes vom Sohnemann an, mit dem er die Pflaumen gemeinsam geklaut und gegessen hatte und der unter den gleichen Beschwerden litt. Sie sprach so laut, daß ich alles mithören konnte. Anscheinend war ihr Sprößling von einem jungen Kollegen behandelt worden, der Penizillin-Spritzen, Sulfonamide und ich weiß nicht was noch verordnet hatte.

«Na ja, die jungen Ärzte packen eben doch energischer zu!» rief die Mutter meines kleinen Patienten vorwurfsvoll. Später stellte sich heraus, daß all die eindrucksvollen Medikamente gar nie gekauft worden waren, da beide Bengel in der Früh schon wieder kerngesund waren.

Die Menschen, die «die ganze Nacht kein Auge zutun», sind Legion. Jeder Arzt hat seinen Teil davon in seiner Praxis. Und muß sich dann Lamentos wie die folgenden anhören: «Herr Doktor, ich kann einfach überhaupt nicht mehr schlafen. Und wenn ich aufwache, bin ich klatschnaß geschwitzt.»

«Herr Doktor, ich leide so unter Schlaflosigkeit, und dann kommt auch noch mein Mann und weckt mich auf. Können Sie nicht mal ein ernstes Wort mit ihm reden?»

Na, so was . . .

Die folgenden Perlen habe ich zwischen Seine und Elbe, zwischen Nordsee und Mittelmeer gesammelt.

Ein Arzt wird zu einer Patientin gerufen, von der er nur weiß, daß sie eine mittelalterliche Lehrerin ist. Er kommt zur angegebenen Adresse, einer Parterrewohnung. Alle Fensterläden sind geschlossen, und niemand reagiert auf sein Klopfen. «Nun», denkt er sich, «ich muß mich in der Straße geirrt haben.» Er will bereits gehen, da hört er plötzlich eine Stimme.

«Herr Doktor, sind Sie es?»

«Ja.»

Ein Laden öffnet sich, eine Leiter wird aus dem Fenster gelassen.

«Kommen Sie bitte herauf.»

Etwas erstaunt klettert der Arzt die Sprossen hoch, gelangt so in ein Schlafzimmer und untersucht die Dame. Zum Schluß kann er sich die Frage nach dem merkwürdigen Eingang nicht verkneifen.

«Ich bin mit meiner Mutter verkracht», lautet die Erklärung. «Wir haben aber nur eine Haustür. Und die liegt in ihrem Teil der Wohnung.»

Ein Arzt wird nachts dringend angerufen. Als er zur angegebenen Adresse fährt, erwartet eine Frau ihn schon auf dem Bürgersteig.

«Mein Mann hat eine Nervenkrise.»

«Zeigen Sie mir den Weg.»

«Nein, gehen Sie lieber allein, Herr Doktor. Wir wohnen im dritten Stock links. Ich habe nämlich etwas Angst, daß mein Mann mit einer Axt hinter der Tür steht.»

In einem bayerischen Dorf entdeckt der Herr Pfarrer eine nackte Frau im Beichtstuhl. Eiligst rennt er zum Bürgermeister. «Was sollen wir bloß machen?» fragt er ganz außer sich.

Der Bürgermeister denkt einige Minuten nach, dann läßt er den Gendarm kommen. «Schnell, Xaverl», sagt er, «lauf zum Herrn Doktor, der hat ja Erfahrung, wie man mit nackerten Weibern umgeht.»

Ein kleines Mädchen weint jedesmal, wenn der Arzt auf dem elterlichen Bauernhof erscheint.

«Sie müssen schon entschuldigen, Herr Doktor», sagt die Mutter eines Tages geniert. «Sie ist sonst nicht so zimperlich, aber vor Schweinen und Ärzten hat sie halt nun mal Angst.»

Die zehnjährige Marie dagegen liebt den Hausarzt und hängt an seinen Lippen, wenn er über Krankheitssymptome, Diagnosen usw. spricht. Das einzige, was sie betrübt, ist, daß immer nur die anderen krank sind, sie dagegen nie. Doch eines Tages sagt sie triumphierend:

«Mein Fuß tut mir schrecklich weh!»

«Na, dann zeig ihn mal her.»

«Aber doch nicht den Fuß», sagt sie vorwurfsvoll, «du dianost ganz falsch. Der Schuh ist doch das Symptom, der drückt an der Ferse.»

Bei einem Hausbesuch fragt der Arzt:

«Haben Sie Temperatur?»

«Siebenunddreißig», antwortet der Patient, was den Arzt erstaunt, da er wirklich fiebrig wirkt.

«Nicht mehr?»

«Vielleicht schon, Herr Doktor, aber ich habe das Thermometer rausgenommen, als ich gesehen hab, daß es steigt.»

Bernhard hat die Masern und wird zweimal täglich rektal gemessen. Jedesmal brüllt er mörderisch.

«Warum schreist du denn so?» fragt die Mutter.

«Weil du mir immer ein neues Loch bohrst», heult der Kleine.

Wo tut's denn weh?

Chirurgen haben es gut: Sie sehen ihre Patienten meistens nur in Narkose. Da tun sich die anderen Ärzte sehr viel schwerer. Sie müssen ihren Patienten zuhören, wobei sie allerlei Kurioses erfahren.

«Ich war mit meiner Tochter bei einem Spezialisten, und der hat sofort erkannt, was ihr fehlt», sagt eine Dame etwas vorwurfsvoll zu ihrem Hausarzt, fügt aber dann versöhnlich hinzu: «Er ist aber auch ein ganz berühmter Psychopath.»

Nicht alle Homöopathen haben so viel Erfolg.

«Ich fürchte, das Glied, das bei einem Mann am längsten sein sollte, ist bei meinem Sohn zu kurz gekommen», beklagte sich eine Mutter.

Dagegen ist bislang noch kein Kraut gewachsen.

Dafür erhielt aber ein junger Arzt ein Kompliment von seiner Patientin: «Herr Doktor, seitdem Sie mich behandeln, war ich nie mehr krank.»

«Meine Mutter war schrecklich krank», berichtet ein Knilch, «eine Woche lang lag sie im Bett wie ein Komma.»

Eine Mutter kommt zu einem Kinderarzt. «Herr Doktor, ich höre immer, daß Gehirnblutungen bei Kindern ganz normal sind, aber mein Karlchen hat immer Nasenbluten. Ist das nun sehr viel gefährlicher?»

«Mein Sohn ist sehr nervös», klagt eine andere Mutter, «bei dem muß man immer auf dem Kiwi sein.»

«Seit der Arzt meinem Jungen eine Brille verschrieben hat, hustet er viel weniger.»

Zu einem Arzt kommt eine Mutter mit ihrem Sohn, der einen blutenden Riß in der Kopfhaut hat.

«Ja, und stellen Sie sich vor, sein eigener Bruder hat ihm die Wunde beigebracht!»

Der Arzt sagt bildungsbeflissen: «Der böse Bruder Kain?»

«Nein, Waldemar heißt er, Herr Doktor.»

Ein Ehepaar erscheint frühmorgens in der Sprechstunde. Madame ergreift das Wort.

«Herr Doktor, haben Sie schon mal einen Bandwurm grunzen gehört?»

«N . . .nein», sagt der Arzt reichlich verblüfft.

«Dann geben Sie meinem Mann mal ein Glas Wasser zu trinken.»

Und tatsächlich, kaum hatte der Mann das Glas geleert,

fing sein Magen zu knurren an.

«Haben Sie es jetzt gehört?» fragte die Dame begierig. «Jedesmal, wenn er auf leeren Magen Wasser trinkt, beschwert sich sein Bandwurm.»

Der Arzt brauchte eine ganze Weile, um die Dame davon zu überzeugen, daß die Geräusche eher von einem verärgerten Magen, der sein Frühstück verlangte, als von einem ergrimmten Bandwurm stammten.

Ein Augenarzt erhielt folgenden Brief:

«Lieber Herr Doktor. Zu meinem größten Bedauern muß ich Ihnen mitteilen, daß ich eine Menge unsichtbarer Dinge sehe. Könnten Sie mich bitte untersuchen, vielleicht brauche ich ein Brillenpaar.

Ihr zukünftiger Kurzsichtiger.»

«Sehr geehrter Herr Doktor. Meine Frau ist seit zwei Tagen an ihr Bett gefesselt. Da mir diesen Zustand gar nicht gefällt, bitte ich dringend um Ihren Besuch», schrieb ein besorgter Ehemann dem Hausarzt.

Nach seinem Besuch begleitete er den Arzt zur Haustür. Als er sie öffnet, sieht er, daß es in Strömen gießt. «Mein Gott», entfährt es ihm, «bei diesem Wetter jagt man ja keinen Hund vor die Tür.»

«Sie haben ganz recht», sagt der Arzt, «gehen Sie schnell wieder ins Haus.»

Ein kleiner Fabrikant kommt ganz begeistert von einer Amerikareise zurück. «Also, die da drüben sind uns ja um ein Jahrhundert voraus, und zwar in allem, aber besonders in der Medizin. Mein Kollege, zum Beispiel, läßt sich einmal im Jahr einen Ketchup machen.»

Fremdwörter sind eben Glücksache!

Aber ein Check-up ist sicher eine gute Sache, doch auf alles gibt er auch keine Antwort. Ein befreundeter Arzt erzählte mir, daß er eine Patientin, die offensichtlich an schweren Verdauungsstörungen litt, zu einer Generaluntersuchung ins Krankenhaus schickte, weil seine ganzen Behandlungsversuche ohne jeglichen Erfolg geblieben waren. Aber auch im Krankenhaus konnte man keinerlei organische Schäden feststellen.

Er ließ die Patientin wiederkommen und unterhielt sich mir ihr. Ganz zufällig erwähnte sie im Lauf des Gesprächs: «Ja also, seit meine Schwiegermutter bei uns wohnt . . .»

Bei solchen Krankheitsursachen hilft auch der gründlichste Check-up nichts.

«Ich nehme mir stets eine halbe Stunde Zeit für jede Patientin», erklärte mir ein Gynäkologe, «denn ich weiß, wie wichtig es ist, daß Menschen sich mit ihrem Arzt aussprechen können. Vor allem achte ich auch darauf, daß meine Patientinnen sich nicht äußerlich gehen lassen. Wenn ihre Haare schlecht sitzen, schicke ich sie zum Friseur. Und glauben Sie mir, das hilft oft besser als alle Medikamente.»

Gelegentlich hilft tatsächlich eine Kleinigkeit, um das seelische Gleichgewicht wiederherzustellen. Eine Dame beklagte sich bei ihrem Arzt, daß niemand auf der Welt sie mehr brauche; die Kinder seien verheiratet, und der Mann dächte nur an sein Geschäft.

Der Arzt gab vor, nach seinem Rezeptblock zu suchen.

«Gott, wie ärgerlich», sagte er schließlich, «ich sehe gerade, ich habe kein einziges Rezept mehr, meine Sprechstundenhilfe ist schon fort, und ich muß unbedingt in der Praxis bleiben. Könnten Sie mir einen großen Gefallen tun, zu meinem Drucker gehen und die neuen Rezeptblocks für mich abholen?»

Am nächsten Morgen lagen sie beim Portier zusammen mit sechs Rosen.

Eine Dame fragte ihren Arzt, ob es stimme, daß eine Kastanie, die man in der Jackentasche trägt, eine wohltuende Wirkung auf Rheuma haben könnte.

Der Arzt antwortete ihr höflich, daß er dies stark bezweifle.

«Aber gefährlich ist es doch nicht?» insistierte sie.

«Nein, ganz bestimmt nicht.»

«Das beruhigt mich aber sehr, denn heutzutage mit den anatomischen Ausstrahlungen muß man doch recht vorsichtig sein.»

Eine alte Frau hatte entsetzliche Angst vor einer Rektoskopie (Darmuntersuchung), die ihr bevorstand. Der Stationsarzt beruhigte sie, so gut er konnte.

Am nächsten Tag sagte sie voller Dankbarkeit: «Als man mir das Ding eingeführt hat, habe ich immer nur an Sie gedacht.»

Eine Bäuerin ist zur Röntgenaufnahme bestellt. In der Früh geht sie zum Friseur und läßt sich eine Dauerwelle machen.

«Ich soll nämlich heute nachmittag fotografiert werden», erklärt sie stolz.

Die Stunde der Operation

Michael (vier Jahre) weiß, daß sein Vater operiert werden soll. Er läßt sich alles genau erklären, schließlich sagt er: «Hm, eigentlich wie bei einem Koffer! Man macht ihn auf, kramt drin rum und macht ihn wieder zu.»

Etwas komplizierter geht es bei einer Operation dennoch zu, wie wir vom Fernsehen wissen, wo Operationen mindestens so oft gezeigt werden wie die letzten Modekreationen, nur daß den Chirurgen nicht immer so prächtige Operationssäle zur Verfügung stehen, wie man sie heute auf dem Bildschirm sieht.

Im Jahre 1945 mußte ein Augenarzt eine alte Frau operieren. Das Ganze ging in der Küche vor sich, im Schein einer Hängelampe. Der Ehemann der Patientin stieß aus Versehen heftig an die Lampe, so daß sie ausschwang und die Birne recht unsanft auf der Stirn der alten Frau landete und verlosch.

«Oh, mein Auge!» schrie diese. «Mein einzig gutes Auge, nun bin ich erblindet!«

Nachdem man eine neue Birne eingeschraubt hatte, stellte sich zum Glück heraus, daß die Frau nur eine kleine Beule davongetragen hatte.

Anne (drei Jahre) kommt aus dem Kindergarten. «Hansi war heute nicht da, er wird operiert», erzählt sie ganz aufgeregt der Mutter.

«Und wo?» fragt diese.

«Na dort, wo alle operiert werden, in der Oper.»

Friedrich (sechs Jahre) hat gehört, daß seinem Onkel eine Lunge stillgelegt wird. «Welche denn, Mami, diejenige, die einatmet, oder die, die auspustet?»

Tom (ebenfalls sechs Jahre) hat meistens sehr schmutzige Hände. Eines Tages fragt ihn jemand, was er werden will.

«Chirurg.»

«Und warum?»

«Die tragen immer Handschuhe bei der Arbeit.»

Die Anästhesie hat in den letzten Jahrzehnten große Fortschritte gemacht. Früher gab man eine «Meter-Narkose» (alias Äther-Narkose) und «schläferte den Patienten ein, bis er wieder aufwachte». Heute dagegen werden die Patienten sehr viel kürzer und weniger intensiv betäubt, was zur Folge hat, daß sie zuweilen die erstaunlichsten Dinge von sich geben, wie jene alte, bigotte Dame, die anfing, wie ein Droschkenkutscher zu fluchen, oder die ätherische, elegante Modepuppe, die mit rauher Stimme: «Einmal Schweinshaxen und eine Maß Bier!» forderte.

Ein Chirurg nimmt an einer Hochzeitsfeier teil. Sein Nachbar wendet sich an ihn: «Ich fühle mich auch zum Chirurg geboren.»

«Und was sind Sie von Beruf?»

«Schlachter.»

Ich persönlich habe nie davon geträumt, Operateur zu werden – oder operiert zu werden. Und bislang bin ich auch darum herumgekommen. Außer, daß man mir mit sechs Jahren Wucherungen aus der Nase entfernt hat, kam ich mit dem Skalpell hautnah noch nie in Berührung. So muß ich mich darauf beschränken, die Erfahrungen und Perlen anderer zu wiederholen.

«Meine Nachbarin mußte dringend operiert werden, weil es sich herausstellte, daß sie schon seit Jahren einen Blinddarm hat.»

Dora (sieben Jahre) erfuhr, daß sich nach ihrer Blinddarmoperation das Bauchfell entzündet hatte.

«Und mit was haben sie es gelöscht?» fragte sie.

Lorenz (acht Jahre) ist ebenfalls operiert worden. Zum soundsovieltenmal legt man ihm eine neue Eiskompresse auf den Bauch.

«Schon wieder?» sagt er erstaunt. «Trinkt ihr denn alle Whisky ohne Eis?»

«In welchem Krankenhaus waren Sie?»

«Ich weiß nicht mehr, wie es hieß, jedenfalls war es wunderbar ruhig.»

Die Ruhe ist für ein Krankenhaus noch wichtiger als für ein Hotel. Ich fände es gar keine schlechte Idee, eine Art von Krankenhausführer einzuführen: zwei oder drei Operationsmesser je nach der Geschicklichkeit des Chirurgen; Kopfkissen in verschiedenen Größen, um die Tüchtigkeit des Anästhesisten anzuzeigen; und natürlich ein oder mehrere Sterne für die Qualität der Küche. Doch ist die Küche natürlich nicht alles; aber auch die Größe eines Krankenhauses muß nicht unbedingt ein Zeichen der Güte sein. Oft ist man in kleinen Landspitälern um etliches besser aufgehoben als in berühmten Universitätskliniken, und im alten Europa mindestens so gut wie in punkto Spitälern aberwitzig teuren Amerika.

Tröstlich ist es auch, in ein Spital zu geraten, wo man noch in der eigenen Sprache verstanden wird. Wie kann man sonst seinem Arzt drängende Nöte und Ängste klagen:

«Herr Doktor, ich habe schreckliche Angst.»

«Aber wovor denn? Haben Sie Schmerzen?»

«O nein, überhaupt keine, ich habe Angst vor der Gelben Gefahr.»

Vielleicht war diese Angst durch das Sprachengewirr hervorgerufen, das heute in unseren Spitälern herrscht. Es empfiehlt sich jedenfalls, für die gängigeren Weltsprachen ein Wörterbuch mitzunehmen – und ansonsten auftretende Verständigungspannen mit einem Lächeln zu überwinden. Was zugegebenermaßen schwerfällt, wenn einem aus sämtlichen Öffnungen irgendwelche Schläuche hängen.

In einem Berliner Krankenhaus kommt die türkische Krankenschwester ganz aufgeregt zu dem ebenfalls ausländischen Stationsarzt gelaufen.

«Herr Doktor, der Patient im Saal 3 b sagt, spätestens übermorgen erhängt er sich!»

Der Stationsarzt geht in den Saal und sieht sich einem gutgelaunten Mann gegenüber.

«Warum haben Sie der Kleinen denn gesagt, Sie wollen sich erhängen?» fragt der Arzt etwas unmutig.

«Aber, Herr Doktor, ick hab doch nur jesacht, spätestens übermorjen zieh ick Leine.» Und als er das etwas verdutzte Gesicht des Arztes sieht, fügt er gutmütig hinzu: «Also auf deutsch jesacht: ick verdufte von hier.»

Hier hätte der Arzt das Wörterbuch gebraucht. Aber ein berlinerisches!

Wie leicht es ist, ausländische Patienten zufriedenzustellen, beweist folgende Geschichte.

Ein Mohammedaner hatte der Oberschwester gesagt, daß seine Religion ihm verböte, Schweinefleisch zu essen. Bei der Abendvisite berichtet er strahlend dem Arzt: «Mir geht es hier sehr gut. Die anderen Patienten haben zum Essen Schweinefleisch bekommen, aber mir haben sie Schinken gegeben.»

Zwei alte Damen werden zur gleichen Zeit eingeliefert, und vor der Operation nimmt man ihnen die Gebisse heraus. Eine stirbt noch unter dem Messer, während die andere sich schnell erholt und ihr Gebiß zurückfordert. Die

Krankenschwester sucht es überall, zum Schluß bekennt sie kleinlaut: «Ich muß es verwechselt haben.»

Das Gebiß schlummerte für alle Ewigkeit auf dem Friedhof, und der Klinik blieb nichts anders übrig, als ein neues Gebiß für die Dame anfertigen zu lassen.

Bei einer einfachen Frau mußte eine Ovarektomie vorgenommen werden. Da der Arzt sie nicht mit unverständlichen lateinischen Ausdrücken belasten wollte, sagte er: «Ich glaube, es wäre angeraten, Sie total auszuräumen. Besprechen Sie das mit Ihrem Mann, und bringen Sie mir seine schriftliche Einwilligung mit.»

Drei Tage später erschien die Frau wieder mit einem von der Polizei beglaubigten Schreiben: «Ich, der Unterzeichnete, gebe hiermit Doktor X die Erlaubnis, bei meiner Frau total aufzuräumen.»

Manche Operierten haben den Tick, ihre herausgenommenen Organe oder Knochen in einer Alkohollösung aufzubewahren. Ein Arzt erzählte mir, daß eine seiner Patientinnen ihm zwei Gelenkstücke zeigte.

Die Dame war sehr mager, ihr Gemahl dagegen recht korpulent. Voller Stolz wies sie auf die zwei Knochen und sagte:

«Sie werden's nicht glauben, aber der größere ist meiner.»

Die Chirurgen wissen, wie wichtig ihren Patienten solche Trophäen sind, und bewahren sie deshalb auf. Zuerst werden sie natürlich von der Familie besichtigt.

Und so wurden auch einem Ehemann die Gallenblase und -steine seiner Gemahlin gezeigt. Stirnrunzelnd wendet er sich an den Chirurgen: «Ich habe ihr zwar immer gesagt, sie soll nicht so hastig essen, aber daß sie auch Kiesel heruntergeschluckt hat, habe ich nicht bemerkt.»

«Eines Tages war mir der Nierenstein eines Operierten verlorengegangen», berichtete mir ein Chirurg. «Besonders peinlich, weil ich wußte, wie enttäuscht der arme Mann sein würde. Aber dann hatte meine Operationsschwester den rettenden Gedanken. Sie holte einen hübschen Stein aus dem Garten, und der thront jetzt auf dem Kaminsims meines Patienten.»

Einem anderen Chirurgen spielten die Kollegen einen Streich. Sie taten einen zweiten Blinddarm in das Gefäß mit der Trophäe. Doch der Chirurg ließ sich nicht aus der Fassung bringen. Auf die erstaunte Frage der Familie erklärte er in aller Gemütsruhe: «Es handelt sich um eine doppelte Blinddarmentzündung.»

Ob sie auch doppelt so teuer war, entzieht sich meiner Kenntnis. Doch wäre es sicher eine gute Gelegenheit gewesen, die Honorarfrage anzuschneiden. Wie etwa in der folgenden uralten, aber immer wieder zutreffenden Geschichte.

Ein Neureicher hatte eine Gräte verschluckt, man telefonierte sofort nach dem bekanntesten Arzt der Stadt, der auch tatsächlich kam und die Gräte entfernte.

«Wie hoch ist Ihr Honorar?» fragte der Millionär.

«Ein Hundertstel von dem, was Sie mir geben wollten, als die Gräte noch in Ihrem Hals steckte.»

Ein Freund erzählte mir von einer Unterhaltung zwischen zwei Chirurgen, die er auf einer Cocktailparty belauscht hatte.

«Siehst du die Dame dort drüben? Sie hat jetzt nichts mehr, und das verdankt sie nur mir.»

«Warum, was hatte sie denn?»

«Eine Million.»

Diese Geschichte ist natürlich eine böse Verleumdung. Nichtsdestoweniger bleibt die Tatsache bestehen, daß viele Chirurgen horrende Honorare verlangen. Man kann sie nicht einmal dafür verachten, denn viele Leute glauben immer noch, der teuerste sei auch der beste. «Sicher», erklärte mir ein als teuer verschriener, mondäner Chirurg, «ich fordere von meinen Patienten eine schöne Stange Geld für die Operation, aber es entstehen mir auch vor- und hinterher eine Menge gesellschaftlicher Unkosten.»

Von einem der berühmten Chirurgen Frankreichs, Jules-Emile Péan (1830–1898) erzählte man sich, daß er so geldgierig war, daß er versehentlich sein Portemonnaie im Bauch eines Operierten vergaß. Tatsächlich ließ er sich seine Honorare vorausbezahlen, und sein Tarif war höher als der heutige.

In einem Buch über diesen berühmten Chirurgen wird von folgender Begebenheit berichtet:

Ein junger Mann stolpert auf dem Perron eines Provinzbahnhofs und kugelt sich das Schultergelenk aus. Péan ist zufällig anwesend und renkt die Schulter wieder ein.

Einige Wochen später erwähnt ein Freund des Chirurgen den Zwischenfall und fügt hinzu: «Der Vater ist Ihnen natürlich äußerst dankbar, aber Sie haben ja auch recht kräftig abkassiert, lieber Péan, gleich zwanzigtausend Francs!»

«Was!» ruft der Chirurg empört. «Ich habe nicht mal eine Rechnung gestellt.»

Der junge Mensch hatte vom schlechten Ruf Péans profitiert und das väterliche Geld in die eigene Tasche gesteckt. Was wieder mal beweist, daß man von seinen Prinzipien – und wenn sie noch so mies sind – nie abgehen soll.

Was die Gefahr betrifft, dem Chirurgen unter dem Messer zu bleiben, so ist die heute wesentlich geringer, als von einer Autotour wieder heil nach Hause zu kommen.

«Die Straße ist unser Schlachtfeld», sagte mir ein Chirurg verbittert. «Wir betreiben Kriegschirurgie mitten im Frieden.»

Aber selbst Unfälle bringen noch Perlen hervor, wenn sie auch einen makabren Glanz haben.

«Zum Glück kam der Beifahrer mit blauer Haut davon.»

«Die Frau lag unter dem Wagen, ihr Bein war in Höhe der Stoßdämpfer gebrochen.»

«Die Verletzten wurden Stück für Stück mittels eines Schweißbrenners befreit.»

Woraufhin mein dreizehnjähriger Neffe sagte: «Natürlich, um die Karre wieder flott zu machen.»

«Gestern abend», erzählte mir ein junger Arzt, «lief mir doch irgendein Idiot direkt vor den Wagen. Ich kam ins Schleudern und landete halb im Graben. Mehrere Autos hielten hilfsbereit, ein Wagenlenker stieg auch aus, wandte sich dann aber erleichtert an die anderen und sagte beruhigend: ‹Der braucht unsere Hilfe nicht, Leute, der ist selbst Arzt.›»

Worauf zu empfehlen wäre: Vor Unfällen das Arztkennzeichen entfernen!

Ski-Malheurs gehen meist glimpflicher aus als Autounfälle.

Ein sechsjähriges Mädchen bricht sich das Bein. Der Vater erkundigt sich beim Chauffeur des Krankenwagens nach dem Arzt.

«Der ist in Ordnung», beruhigt ihn der Fahrer, «mein Nachbar hatte sich auch das Bein gebrochen, allerdings muß man sagen, er ist ein alter Säufer. Nun, der Herr Doktor hat ihm gesagt, daß der Bruch nicht gut verheilen würde, und recht hat er behalten.»

Nach einem Sturz wird der vierjährige Max zum Röntgen ins Hospital gefahren. Die Krankenschwester will den aufgelösten Kleinen beruhigen. «Na, siehst du, so schlimm war es doch nicht. Der Onkel Doktor hat nur einige Fotos von deinem Kopf gemacht.»

«Gar nicht wahr, ich hab doch gesehen, wie er sich die Fotos angeschaut hat. Da waren ja lauter Totenschädel drauf.»

Bruno sieht einen Verletzten mit einem Gipsverband. «Warum hat sich denn der Herr sein Bein einzementieren lassen?» fragt er erstaunt.

Klärchen (sechs Jahre) kommt von der Eisbahn zurück.

«Stell dir vor, heute ist eine arme Dame hingefallen und hat sich ihr Rückenmark verstaucht.»

Manche Leute ziehen Unfälle an wie der Honig die Wespen und können mit ihren Abenteuern ganze Gesellschaften unterhalten.

«Mir passieren dauernd die gräßlichsten Sachen», erzählte eine junge Frau. «Komme ich doch neulich völlig durchnäßt und viel zu spät nach Hause. Um Zeit beim Umziehen zu sparen, ziehe ich mir auf der Treppe den Rock über den Kopf, wobei ich stolpere und mit dem Haken in einem Nasenloch hängenbleibe. Resultat: ich stehe im Unterrock da, und mein Rock hängt an meiner blutenden Nase.»

Dieselbe junge Dame hatte drei Schädelbrüche und siebenundzwanzig Narkosen überstanden, ohne irgendwelchen Schaden an ihrer Seele zu nehmen und ihren Humor zu verlieren.

«Von den örtlichen Betäubungen will ich gar nicht reden», sagte sie, «ich habe so viele davon bekommen, daß mir das letzte Mal die Sekretärin, als ich zahlen wollte, gesagt hat: ‹Nein, die bekommen Sie als Prämie.›»

Mit der Operation allein ist es nicht getan: es gehört oft viel Mut und Kraft dazu, mit den bleibenden Folgen fertig zu werden.

Ein Dachdecker, dessen Beine durch einen Sturz gelähmt waren, sagte zu seiner Frau: «Verkauf das Haus und das Auto, verbrenn meine Anzüge und vergiß mich schnell. Ich brauche nur noch einen Pyjama und ein Krankenhausbett.»

Heute arbeitet der ehemalige Dachdecker als Steuerberater. Er trägt die Anzüge, die seine Frau nicht verbrannt hat. Sein Haus hat er zwar verkauft, aber nur, um sich eine Parterrewohnung zu erstehen, und ins Auto ließ er sich eine Spezialschaltung einbauen.

«Wenn ich ihn so wohlgemut herumkutschieren sehe», bemerkte eine Nachbarin, «dann frage ich mich wirklich, ob er jetzt nicht glücklicher ist als vor seinem Unfall.»

«Sobald sich die Lebensfreude wieder einstellt», sagte mir ein Heilgymnastiker, «ist die Schlacht gewonnen. Aber wehe, man zeigt dann das geringste Mitleid.»

Eine Gruppe gelähmter junger Burschen, die sich mühsam auf Krücken fortbewegten, wurde von einer wohlmeinenden Dame angesprochen. «Meine armen Lämmerchen, wie schrecklich! Wie konnte denn so etwas passieren?»

«Wir kommen von der Pediküre», konterte der Anführer der Bande.

Fabian (fünf Jahre) muß nach einer Operation seine Beinmuskulatur trainieren. Die Heilgymnastikerin macht ihm noch einmal die Übung vor.

«Ach, jetzt hab ich's kapiert, ich muß die Scheibenwischer an Vatis Auto nachmachen.»

Ein kleines Mädchen, das gerade eine Fernsehsendung über Pharaonengräber gesehen hatte, fragte seine Heilgymnastikerin: «Wenn du eine alte Ägypterin wärst, würdest du dann alle deine Turngeräte und auch uns mit ins Grab nehmen?»

Käthe hatte wiederum eine andere Frage.

«Betest du oft zum lieben Gott?»

«Sei nicht so blöd», fährt die Freundin dazwischen, «das Fräulein hat genug mit uns zu tun, wie soll sie da noch für den lieben Gott Zeit haben.»

Peter, der täglich Atemübungen machen muß, sagt nach einer stürmischen Nacht: «Der Wind hat heute nacht ganz prima ein- und ausgeatmet.»

Aufrecht im Angesicht des Todes

«Vielleicht werde ich liegend sterben, besiegt von der Krankheit, aber aufrecht im Angesicht des Todes», erklärte ein alter Bauer.

«Der Tod ist eine Krankheit, die man sich in der Stunde der Geburt zuzieht.»

«Wenn mir ein guter Gedanke käme oder etwas Amüsantes einfiele, würde ich mit dem Sterben aussetzen», schrieb Voltaire.

Eine Dame fragte ihren Arzt: «Meinen Sie, ich überlebe diese Krankheit?»

«Madame, man überlebt jede Krankheit. Der Tod ist ein Irrtum der Medizin, den wir nicht anerkennen.»

Ein Greis bekommt einen Zettel mit den Untersuchungsresultaten. Ganz unten steht: «Achtung, nahes Ende.»

Obwohl er weiß, daß seine Tage gezählt sind, findet er diese Art der Mitteilung doch etwas brüsk. Er beschwert sich bei seinem Arzt. Nach einigen Nachforschungen stellt sich heraus, daß die Warnung das Ende der Papierrolle anzeigte, auf der mechanisch die Untersuchungsergebnisse notiert wurden.

Gegen den Tod ist nun mal kein Kraut gewachsen. Auch wenn ein Arzt in Afrika auf sein Praxisschild schrieb: «Spezialist für tödliche Krankheiten».

«Meinem Mann», sagte eine alte Dame, «konnte kein Arzt der Welt mehr helfen. Ihm ist das ganze Blut in den Kopf gestiegen und kam nicht mehr herunter.»

«Mein Mann», erzählte eine andere Ehefrau, »kam nach Hause, hat dreimal gerülpst, und das waren seine letzten Worte.»

Auch ein gutgemeinter Ratschlag, allzu wörtlich genommen, kann bei einfachen Gemütern zu katastrophalen Folgen führen.

Vor vielen Jahren machte ein Arzt einen Krankenbesuch bei einem alten Mann.

«Ich fürchte», sagte er im Weggehen mitfühlend zu der Ehegattin, «Sie können nichts anderes mehr tun, als ihm das Sterben leichtzumachen.»

Eine halbe Stunde später kommt der Pfarrer und sieht zu seinem Entsetzen, wie die Alte mit einer Holzpantine auf den Kranken eindrischt.

«Der Herr Doktor», sagte sie entschuldigend, «hat mir nämlich gesagt, ich sollte ihm das Sterben erleichtern.»

Dem vierjährigen Gert wurde erzählt, daß man ein Pferd erschießen mußte, weil es sich das Bein gebrochen hatte.

«Donnerwetter, da hat Oma aber Glück gehabt. Sie hat sich auch das Bein gebrochen, aber erschossen hat man die nicht.»

Euthanasie ist ein Wort, das immer wieder mißverstanden wird. Dem Inhalt nach und auch wörtlich, wie von jener biederen Frau, die voller Empörung sagte:

«Also, ich finde diese Anastasia ganz furchtbar!»

Die Eltern der siebenjährigen Monika reden in ihrer Gegenwart über einen verstorbenen Freund. «Und nun werden wir ihn nie wiedersehen?» fragt die Kleine. «Ach, wenn man den Tod doch töten könnte.»

Eine Frau hat einen einäugigen und sehr dummen Mann, der auf den Tod krank ist. Sie beklagt sich bei ihrer Nachbarin.

«Seinen Geist braucht er nicht aufzugeben, weil er keinen hat. Von den Augen braucht er nur noch eins zu schließen, aber nicht mal den letzten Atemzug zu tun, bringt er fertig.»

Die vierjährige Martina macht sich große Sorgen, weil ihre Kusine von einer Wespe gestochen wurde.

«Paß bloß auf, daß du nicht stirbst. Da oben wimmelt es von alten Leuten. Du würdest dich dort einfach zu Tode langweilen.»

In einem süddeutschen Dorf starb ein Mann unter sehr verdächtigen Umständen. Man nahm eine Autopsie vor. Da der Kaufmann der Vetter des Gendarmen und daher der bestinformierte Mann war, drängelte sich die gesamte Bevölkerung in seinem Laden.

«Ja», erklärte er gewichtig, »er ist tatsächlich vergiftet worden. Er hat Arsen in seiner Weste gehabt.»

«In seiner Weste?»

«Natürlich, mein Vetter hat mir erzählt, man hätte Arsen im Gewebe gefunden.»

Zu einem Arzt kommt ein jüngerer Mann. «Herr Doktor, mein Vater braucht dringend einen Totenschein, er ist eben verschieden.»

Ein Onkel von mir hatte kurz hintereinander drei Todesfälle in der Familie. Als er nach dem dritten ins Beerdigungsinstitut kommt, um seine Rechnung zu begleichen, sagt der Besitzer: «Einem so guten Kunden wie Ihnen räume ich natürlich Rabatt ein.»

Eine Dorfbewohnerin wußte, daß ihr Sohn unheilbar krank war. Da er der einzige Schreiner im Dorf war, sagte sie: «Du mußt einen Sarg machen. Für einen Mann, der ungefähr deine Größe hat.»

«Also ich», sagt der kleine Michael, «werde Totengräber.»

«Mein Gott, warum denn gerade das?»

«Weil Papi nicht will, daß ich Pfarrer werde, aber das macht nichts, ein Totengräber ist ja fast das gleiche.»

Zum Schluß wurde Michael Arzt.

Manche Verblichenen hinterlassen seltsame Anordnungen, die auch von den teuersten Beerdigungsinstituten nicht erfüllt werden können, wie zum Beispiel die Dame, die in ihrem Konzertflügel beerdigt werden wollte.

Andere wiederum wollen weder Kränze noch Blumen. Das war offenbar nicht der Fall bei dem Leichenwagen, der an einem kleinen Mädchen vorbeifuhr, das entzückt ausrief: «Schau, Mami, was für ein schöner Werbewagen für die Blumenhändler.»

Ein anderes kleines Mädchen bringt einen Brief mit einem dicken, schwarzen Trauerrand zur Post und bittet um eine Briefmarke.

Die Postbeamtin gibt ihr eine rote.

«Aber nein», sagt die Kleine ganz entsetzt, «wir sind in Trauer. Würden Sie mir bitte eine schwarze Briefmarke geben.»

Die Mutter von Daniel erklärt, daß Großvater und Großmutter im Himmel sind.

«Das find ich aber unternehmungslustig von den zwei Alten», sagt er voll tiefster Bewunderung.

Veronika (vier Jahre) begleitet ihre gerade verwitwete und daher tiefverschleierte Tante zum Friedhof. Plötzlich fragt sie: «Trägst du den Schleier, damit dich Onkel von oben besser erkennt?»

Sophie (fünf Jahre) möchte gerne wissen, was man tut, wenn man tot ist.

«Nichts», sagt ihre Mutter.

«Nun, zumindest essen muß man doch.»

«Nein, auch das nicht.»

«Kein Wunder, daß man dann tot ist.»

Auf einem alten Dorffriedhof sind viele Gräber mit Ranken und Moos überwachsen.

«Hier pflegt man die Toten aber schlecht», bemerkt ein kleines Mädchen.

Während Katrinchen, die gerade den Unterschied von Plus und Minus gelernt hat, beim Anblick eines Friedhofs begeistert ausruft: «Schau, ein ganzes Feld von Pluszeichen.»

Zwei Monate nach dem Tod ihres Vaters bekommt eine Lehrerin eine Neujahrskarte von ihrem sechsjährigen Neffen.

«. . . und dann wünsche ich auch noch ein gutes, neues Jahr der Seele Deines Vaters.»

Ein kunstgeschichtlich sehr gebildeter Prälat liegt im Sterben, und man hält ihm ein Kreuz hin. Mit schon versagender Stimme flüstert er: «Einwandfreie Fälschung aus dem frühen 19. Jahrhundert.»

Eine sterbende Frau sagt zu ihrem Mann: «Ich möchte ein schönes Steinkreuz auf meinem Grab haben. Ich weiß, es ist teuer, aber dafür hat man es auch zeit seines Lebens.»

Ein kleines Mädchen geht mit ihren Eltern über den Friedhof, um das Grab der Großmutter zu besuchen. Im Vorbeigehen liest sie: «Meinem geliebten Mann. . . Im Andenken an mein geliebtes Kind. . . In ewiger Liebe verbunden . . .»

«Und wo», fragt sie, «beerdigt man die Menschen, die man nicht geliebt hat?»

Eine Großmutter zeigt ihrem Enkel das Familiengrab.

«Sieh, dort werde ich einmal liegen.»

«Sehr gut, Großmutter, da bist du prima aufgehoben. Da hast du einen Platz ganz nah an der Tür und bist bei der Wiederauferstehung ganz schnell zu Hause.»

Philipp (fünf Jahre) geht mit seiner Mutter auf einen Friedhof. «Liegen die Toten hier lange?» fragt er.

«Ja, ein paar Jahrhunderte», sagt seine Mutter vage.

Einige Tage später geht er am selben Friedhof vorbei. Plötzlich öffnet sich die Tür, und eine sehr, sehr alte Dame kommt heraus.

«Oh, sieh Mami», ruft Philipp, «die Dame hat ihre Jahrhunderte schon abgelegen, jetzt kommt sie wieder heraus.»

Was mir erlaubt, dieses Kapitel mit einer optimistischen Note zu schließen.

Der Arzt im Haus . . .

Der Arzt als Ehegatte und Vater ist eine Spezies für sich. Mitglieder einer Arztfamilie sollten sich möglichst fit und gesund halten – und für schlechte Zeiten einen guten Hausarzt in Reserve halten. Dazu einen lieben Onkel, der einspringt, wenn Theaterbillette im letzten Moment zu verfallen drohen, Kinder von *zwei* Eltern auf Schulfeste begleitet werden sollten und Ehefrauen endlich einmal ungestört in dem Restaurant essen möchten, das sie seit Jahren besuchen wollten.

«Ich», sagte mir eine Artzfrau, «hatte mir geschworen, erstens keinen Mann mit einem Schnurrbart und zweitens keinen Mediziner zu heiraten. Mein Mann trägt zusätzlich auch noch einen Vollbart.»

Als ein junges Mädchen ihrem Vater erzählte, sie wolle einen Arzt heiraten, sagt er nur: «Der Beruf ist bei einem Mann nicht so wichtig, Hauptsache er ist gesund.»

Wahrscheinlich der richtige Standpunkt, um eine Arztehe einzugehen.

Ein junger Internist in einem Krankenhaus verlobte sich mit einer Lernschwester. Der Chefarzt ließ das junge Mädchen zu sich kommen und sagte streng: «Wissen Sie denn nicht, daß es den Schwestern verboten ist, mit den Ärzten über persönliche Angelegenheiten zu sprechen?»

Im Wartezimmer sitzen einige Patientinnen zusammen und tuscheln.

«Haben Sie gesehen, der Doktor hat schon wieder eine neue Sprechstundenhilfe.»

«Ja», sagte der Arzt, der die Bemerkung gehört hatte, «und mit der schlafe ich nachts sogar.»

Es handelte sich nämlich um seine Frau, die für die kranke Sprechstundenhilfe eingesprungen war.

Die Frau eines anderen Arztes klagt bei ihrem Mann über Angina und daß er sich nicht darum kümmere.

«Jetzt bist du zwanzig Jahre mit einem Arzt verheiratet und weißt noch nicht mal, wie man eine Angina behandelt?» gibt er verächtlich zurück.

In einer norddeutschen Kleinstadt erscheint in der Arztpraxis ein junges Ehepaar in völlig aufgelöstem Zustand. Der Arzt ist nicht da, und seine Frau, die sich sonst nie einmischt, hat so viel Mitleid mit den jungen Leuten, daß sie nach dem Grund des Kummers fragt.

«Wir haben uns so sehr ein Kind gewünscht, und nun ist alles aus», schluchzt die Frau. «Da, sehen Sie, das Untersuchungsergebnis ist negativ.»

Die Arztfrau konnte die beiden beruhigen. Es handelte sich um einen Syphilis-Test, den ihr Mann vorsichtshalber vorgenommen hatte. Es kann also nichts schaden, wenn man als Arztfrau ein paar Grundkenntnisse mit in die Ehe bringt!

In der Nacht klingelt das Telefon. Die Frau eines Arztes hebt den Hörer ab, doch schon nach wenigen Sekunden versteht sie, daß der Fall nicht so dringend ist, wie der aufgeregte Anrufer behauptet. Um ihrem Mann die Nachtruhe zu retten, behauptet sie, er sei bei einer Entbindung und sie erwarte ihn erst am Morgen zurück. Während sie spricht, flüstert ihr Mann ihr einige Verhaltensmaßnahmen ins Ohr, woraufhin die Stimme am Telefon mißtrauisch fragt: «Ist der Herr, der bei Ihnen ist, etwa auch Arzt?»

Und noch eine Telefon-Perle. Ein besorgter Ehemann erklärt langatmig die verschiedenen Krankheitssymptome seiner Frau. Als er schließlich doch einmal Luft holen muß, sagt die Stimme am anderen Ende: «Ja, guter Mann, da kann ich Ihnen auch nicht helfen. Hier spricht nämlich der Metzger Heine.»

Arztkinder haben es besonders schwer. Den Mann im weißen Kittel als Vater zu haben grenzt schon an Schicksal.

Die Schüler der vierten Klasse sollen den Besuch bei einem Arzt beschreiben. Der kleine Frank schreibt statt dessen, wie er mit seinem Hund zum Tierarzt geht.

«Das war aber eigentlich nicht das Aufsatzthema», tadelt ihn der Lehrer.

«Mein Vater ist Arzt», erklärt der Gerügte ganz pikiert, »wie soll ich denn wissen, wie das ist, wenn man zu ihm kommt.»

Ein Lehrer befragt seine Schüler über die Berufe ihrer Väter.

«Mein Vater», sagt der sechsjährige Paul, «schneidet die Leute auf, sieht sie sich von innen an und näht sie wieder zu.»

Reihenuntersuchung in der Schule. Die Kinder nennen ihre Namen, der Arzt notiert sie automatisch. Plötzlich Schweigen.

«Dein Name?» fragt der Arzt ungeduldig.

«Jürgen, Papa», kommt es kleinlaut zurück.

In Berlin sitzt eine Dame im Wartezimmer. In der entferntesten Ecke hockt ein kleiner Junge ängstlich zusammengekauert im Stuhl.

«Aber wer wird denn so Angst vorm lieben Onkel Doktor haben», redete sie ihm gut zu.

«Sie machen mir Laune», brummt der Knilch verstimmt, «der is doch mein Vater, und wenn Sie fertig sind, muß ich zu ihm rein und sagen, daß ich Ungenügend in Englisch bekommen habe.»

Der kleine Sohn eines Arztes sitzt im Flur und weint. Eine Patientin kommt vorbei und fragt, was er habe.

«Bauchweh.»

«Na, geh doch zu deinem Vater.»

«Dem ist doch völlig wurscht, was ich habe. Von mir bekommt er doch kein Geld.»

Kluge Arztfrauen melden sich und ihre Kinder deshalb offiziell in der Sprechstunde an. Dann sind sie ein «Fall» und werden auch so behandelt: nämlich mit Geduld. Oder sie gehen «fremd». Dann müssen sie sich nicht beklagen wie die vierzehnjährige Dora: «Wenn ich mal krank bin, habe ich noch nicht mal die Genugtuung, auf jemand zu warten, der extra meinetwegen ins Haus kommt.»

Doch gibt es auch solche, die sich beschweren, daß man zuviel Getue um sie macht.

«Die Kinder von Juristen oder Kaufleuten bekommen wenigstens nicht dauernd Spritzen, denn die sind verdammt teuer. Aber kaum habe *ich* einen Schnupfen, jagt mir Papi eine Spritze in den Hintern, und dann noch eine und noch eine, und mit den Pillen ist es dasselbe. Es sind natürlich alles Arztmuster, und die kosten ihm ja nichts.»

Neulich fragte ich meinen Zahnarzt, ob er seine Kinder selbst behandelt.

«Ja, natürlich, aber wissen Sie, es ist wie verhext, mein Jüngster hat eine Klammer. Die müßte längst ausgewechselt werden, aber ich denke immer nur daran, wenn er gerade nicht greifbar ist, wie jetzt, wo Sie mich daran erinnern.»

Zu meiner Beruhigung sah ich, daß er sich eine diesbezügliche Notiz auf einem Stück Papier machte.

Die meisten Kinder von Ärzten scheinen mir jedoch ihre Väter (oder sollte ich sagen Rabenväter) mit einem kräftigen Schuß von Humor zu beurteilen.

«Nun, was soll ich Ihnen sagen», erzählt mir ein Knilch, «Vater kommt nach Hause, und ich sag ihm, ich habe Halsschmerzen. Er öffnet das Arzneischränkchen im Badezimmer, das Mutter gerade aufgeräumt hat, bringt alles durcheinander, findet nicht das, was er gesucht hat, und geht beleidigt davon.»

Die Frau eines Magen-Darm-Spezialisten erzählte mir, daß sie wochenlang ihrem Mann in den Ohren gelegen hätte, weil eine der Töchter ihr verdächtig mager und im Wachstum zurückgeblieben vorkam. Doch ihr Mann tat ihre Bedenken mit einem Achselzucken ab, bis zu dem Tag, als ein Kollege – ein Kinderarzt – zu Besuch kam. Er warf einen Blick auf das kränkliche Mädchen und bestand darauf, sie gleich zu untersuchen. Es stellte sich heraus, daß sie einen Bandwurm hatte und die mütterlichen Sorgen durchaus berechtigt gewesen waren.

«Oder», berichtet ein weiterer Knilch, «Vater kommt aus der Praxis, leert seine Aktentasche aus mit allen Ärztemustern und erklärt Mutter: ‹Also, wenn du das hast, dann nimm dies hier, und wenn die Kinder das haben, dann versuch das hier, und falls ihr alle das bekommt . . .› Und nun frag ich Sie: Wer kann sich *das* alles merken?»

Gustav ist beim Turnen an der Teppichstange hingefallen. «Papa, mir tut der Arm so weh», sagt er schüchtern zu seinem Arztvater.

«Nimm ein Aspirin, und sei nicht so wehleidig.»

Am Abend klagt Gustav immer noch über Schmerzen.

«Dieses Kind ist wirklich ein Neurotiker», erklärt der Vater ungeduldig.

Am nächsten Morgen nimmt der Vater seinen Sohn

doch mit ins Krankenhaus und läßt ihn röntgen. Der Arm war gebrochen.

Einige Zeit später liest der Arzt im Aufsatzheft seines Sohnes: «Mein Vater ist Arzt, aber manchmal ist er wirklich leichtsinnig.»

«Mein Vater hat einen mühsamen Beruf», sagt der achtjährige Franz. «Von morgens bis abends versucht er, den Menschen ihre großen Schmerzen mit kleinen Pillen und Ampullen zu vertreiben.»

Der vierzehnjährige Michael wird von seinem Lehrer gefragt, was er später einmal werden will.

«Arzt oder Bankier.»

Mit sechzehn entschloß er sich endgültig für den Arztberuf. Als man ihn fragte, was er vom Beruf seiner Mutter hielte, antwortete er: «Architekt? Nee, das ist nichts für Männer, das ist so'n richtiger Frauenberuf.»

Derselbe Michael wurde mit neun Jahren von seiner Mutter überrascht, wie er mit bloßen Füßen durch den Regen stampfte. «Bist du von Sinnen!» herrschte sie ihn an. «Du wirst dir eine Grippe holen.»

«Das macht doch nichts! Den Arzt brauchen wir ja nicht zu zahlen, aber wenn ich meine Schuhe versaue, müssen wir neue kaufen, und das kostet ein Heidengeld.»

Michael (drei Jahre) ist fest entschlossen, Arzt zu werden wie sein Vater. «Du, Mutter», erklärt er mit einer keinen Widerspruch duldenden Kinderstimme, «kannst den Patienten die Tür aufmachen, und du, Vater, ziehst die Damen aus und an.»

Bei einem Landarzt klingelt das Telefon. Sein sechsjähriger Sprößling nimmt den Hörer auf. Eine Stimme fragt: «Kann der Herr Doktor meinem Sohn eine Pockenimpfung zu Hause machen?»

«Nein, das geht leider nicht. Papi hat zuviel zu tun, er macht die Kinder nur noch in der Praxis.»

Katrin, die achtjährige Tochter eines Gynäkologen, geht ans Telefon. Am anderen Ende spricht die Hebamme, die die Kleine gut kennt.

«Richte deinem Vater aus, daß bei Frau Z. schon die Fruchtblase gebrochen ist und sie Wasser verliert.»

Katrin schreibt brav auf den Notizblock. «Frau Z. hat einen Wasserrohrbruch.»

Die kleine Maria sitzt zusammen mit ihrer Freundin Luise in der Küche, während ihre Mutter beiden Kakao macht.

«Weißt du, Mutti», sagt sie, »es ist verdammt praktisch, einen Arzt als Vater zu haben. Wenn mich so ein blöder Junge anrempelt, dann brauch ich nur zu sagen: ‹Wenn du nicht aufhörst, dann kommt heute abend mein Vater und gibt dir eine Spritze.›»

«Ja», bestätigt Luise neidisch, «wenn ich sage, mein Papa ist Polizist und sperrt dich ins Gefängnis, dann lachen sie mich nur aus. Und vor dem Gewehr von Lottes Vater, der Wildhüter ist, hat auch keiner Angst, aber wenn sie das Wort Spritze hören, hauen sie schleunigst ab.»

Nicht alle Ärzte jedoch sind verheiratet und haben Kinder.

«Aber», erzählte mir ein Chirurg, «es ist wirklich rührend zu sehen, wie die Angestellten sich mit ihrem Chef identifizieren, und das gilt nicht nur für die Sprechstundenhilfe, sondern auch für die Putzfrau oder die Haushälterin. Ich war lange Zeit an einem Provinzkrankenhaus, und meine Sprechstundenhilfe war ein junges Ding, die von Medizin keine Ahnung hatte, doch schon nach kurzer Zeit hatte sie sich völlig mit mir identifiziert. Da konnte ich zu meinem größten Vergnügen dann manchmal folgende Auskünfte am Telefon hören: ‹Nein, wir können Sie morgen leider nicht sehen, wir operieren den ganzen Tag.› Oder die Raumpflegerin nahm das Telefon ab und antwortete sehr von oben herab: »Nein, nächste Woche hat der Herr Professor keine Zeit, wir müssen auf einen Ärztekongreß.›»

Ein unverheirateter Arzt stellte eine Haushälterin an, die in ihrer Jugendblüte einmal eine kleine Soubrette gewesen war. Zur Mittagszeit kommt er ganz erschöpft nach Hause und sieht eine Menge – erstaunlich gut gelaunter – Menschen in seinem Wartezimmer.

«Schnell, Annette», ruft er, «geben Sie mir eine Kleinigkeit zu essen, bevor ich mich wieder in die Arbeit stürze.»

«Ich habe leider nichts vorbereitet, Herr Doktor, aber das ist die Schuld ihrer Patienten.»

«Wieso denn das?»

«Sie haben mich gebeten, ihnen etwas vorzusingen, weil sie sich so langweilten, und Sie wissen ja, wie so was ist, ein Schlager zog den anderen nach sich.»

Noch am gleichen Abend fragt der Arzt: «Haben Sie eigentlich, als Sie noch Soubrette waren, alle Ihre Liebesaffären gebeichtet?»

Woraufhin die wirklich jesuitische Antwort kam: «Aber natürlich nicht, Herr Doktor, die Affären waren doch keine Sünden, sondern ein Teil meiner Arbeit.»

Die langjährige Sprechstundenhilfe eines berühmten Spezialisten, die ihrem Chef stets allen Ärger vom Halse gehalten hat, verläßt ihren Posten, um sich zu verheiraten.

«Herr Professor», sagt sie zum Abschied mit tränenerstickter Stimme, «ich habe Ihnen so viel zu verdanken, aber vor allem werde ich Ihnen eines nicht vergessen, Sie haben mir beigebracht, daß man für einen Mann, den man respektiert, unentwegt lügen muß; es wird mir in meiner Ehe sehr nützen.»

Die langjährige Haushälterin eines Professorenehepaares stürzt sich in ein spätes Eheglück. Der Professor und seine Frau nahmen an, daß bei der unvermeidbaren Konfrontierung mit medizinischen und menschlichen Problemen in einem Arzthaushalt doch einiges davon ins jungfräuliche Gemüt der Braut durchgedrungen sei. Dem war nicht so. Nach einem Vierteljahr kehrt die Spätvermählte auf ihren Posten zurück.

«Frau Professor», weint sie, «so eine Ehe ist ja furchtbar. Ich sage Ihnen, da werden Männer zu Hyänen!»

Vielen Dank, Herr Doktor

Eine besorgte Mutter ruft beim Arzt an und erzählt der Ehefrau, ihr Kind habe Fieber.

«Mein Mann kommt nicht vor drei oder vier Stunden nach Hause, wenn Sie nicht so lange warten wollen, rufen Sie doch seinen Kollegen an.»

Zwei Stunden später klingelt wieder das Telefon, dieselbe Mutter ist am Apparat. «Frau Doktor, ich bin Ihrem Ratschlag gefolgt, und der Kollege Ihres Mannes war auch da. Aber jetzt bin ich noch immer beunruhigt, weil ich mir sage, ein Arzt, der gleich Zeit hat, kann ja kein guter Arzt sein. Können Sie Ihren Mann nicht bitten, vorsichtshalber auch noch zu kommen? Ich wäre ihm so dankbar.»

Eine andere Mutter ruft ihren Hausarzt an, vernimmt aber, daß er verreist sei und sein Vertreter kommen werde.

Der Stellvertreter untersucht das Kind und sagt: «Machen Sie sich keine Sorgen, der Junge hat nur einen harmlosen Schnupfen.»

Als der Hausarzt zurück ist, beschwert sich die Mutter bitter über den Vertreter.

«Aber er ist ein ausgezeichneter Mann», verteidigt der Arzt ganz erstaunt seinen Kollegen.

«Nein danke, Herr Doktor, das können Sie mir nicht weismachen. Der hat kein einziges Fremdwort gebraucht. Wie soll man da Vertrauen haben?»

Für die meisten Patienten sind die Ärzte eben immer noch die großen Zauberer, und je unverständlicher sie sich ausdrücken, desto imponierender wirken sie. Und ein ganz besonderer Nimbus umgibt die Kapazitäten der großen Städte.

In einer kleinen französischen Provinzstadt kommt eine Patientin zum Zahnarzt.

«Ich brauche eine neue Jacketkrone, aber ich bin sehr verwöhnt, und bislang ließ ich mich immer in Paris behandeln. Trauen Sie sich das gleiche zu wie die Pariser Ärzte?»

«Madame», sagte der Zahnarzt, »ich werde Ihnen beweisen, daß ich es auf allen Gebieten mit einem Pariser Zahnarzt aufnehmen kann.»

Und er hielt Wort. Die Dame war von dem Resultat hoch entzückt, nur als sie die Rechnung sah, wollte sie protestieren.

«Aber Madame, ich sagte auf *allen Gebieten*», erwiderte der Zahnarzt.

Ein junger Arzt hat seine erste Vertretung bekommen und macht seinen ersten Krankenbesuch. Das junge Paar, das ihn geholt hat, ist im Begriff, in Ferien zu fahren. In der kleinen Wohnung stehen die gepackten Koffer, der Ehemann läuft aufgeregt auf und ab, die Frau hält sich stöhnend die rechte Seite.

«Das sieht mir ganz nach Blinddarm aus, Herr Doktor», klagt der Gatte. «Was für ein Pech! Es sind unsere ersten gemeinsamen Ferien, wir wollten campen fahren.»

Der Arzt beugt sich über die Patientin, tastet sie sorgfältig ab, überprüft noch einmal genau die ganze Gegend um den Blinddarm, zögert, aber entschließt sich dann doch endlich zu seiner Diagnose: «Es ist nur eine leichte Leberreizung. In zwei Tagen können Sie fahren.»

Die Kranke ist so erleichtert, daß sie zu stöhnen aufhört, der Gatte hätte am liebsten vor Freude einen Luftsprung gemacht, der junge Arzt ist ebenfalls glücklich, daß er dem jungen Paar nicht die Ferien verderben mußte.

Am Abend sagt ihm die Haushälterin: «Der Ehemann Ihrer Patientin ist am Telefon.»

Dem frischgebackenen Heilkundigen bricht der kalte Angstschweiß aus: durchgebrochener Blinddarm, Bauchfellentzündung, Darmverschluß, alle schrecklichen Möglichkeiten schießen ihm durch den Kopf. Zitternd nimmt er den Hörer auf.

«Herr Doktor», sagt die Stimme am anderen Ende, «Sie sind so schnell fortgegangen, daß Sie vergessen haben, uns eine Rechnung zu stellen. Meiner Frau geht es übrigens schon viel besser.»

«Für meinen Mann», erzählte mir die Frau eines Arztes, «ist die Bezahlung des Schwierigste an seinem Beruf.»

Der Mann nickte bestätigend und fügte hinzu: «Früher, als ein Krankenbesuch noch sozusagen aus der Westentasche bezahlt wurde, wäre ich am liebsten in die Erde versunken, wenn ich einem Patienten Wechselgeld herausgeben mußte. Andrerseits passierten auch sehr rührende Sachen. Eine nette alte Dame zum Beispiel händigte mir fünfzehn Mark aus, und als ich nach dem Wechselgeld in meiner Tasche fischte, winkte sie ab und sagte: «Nein, Doktorchen, der Rest ist für Sie.»

In Arztkreisen erzählt man sich folgende Anekdote. Zu einer Dame kommt ein Klempner. Nach getaner Arbeit legt er seine Rechnung vor.

«Sie sind wirklich unverschämt teuer», empört sich die Dame, «wissen Sie eigentlich, daß mein Arzt nur die Hälfte verlangt?»

«Und ob ich das weiß. Ich war mal Arzt.»

Ein alter Medizinalrat berichtete, daß er eines Tages einen Ladenbesitzer untersucht hätte, der ihm zum Schluß gesagt habe: «So, und nun gehen Sie zu meiner Kassiererin, die wird Ihnen das Honorar auszahlen.»

«Damals war mir das entsetzlich peinlich», sagte er lachend. «Heute würde mir das gar nichts mehr machen. Die Leute sollten wieder bar für ihren Arzt zahlen müssen; das wäre eine gewisse Garantie, daß sie ihn nur dann rufen, wenn sie ihn auch wirklich brauchen. Beim Maler oder Klempner überlegen sie es sich jedenfalls meist gründlicher. Aber die sind ja auch teurer.»

Ein belgischer Arzt besuchte einen bettlägerigen Patienten. Nachdem er ihn untersucht und sein Rezept ausgeschrieben hatte, sah er, daß der Fernseher kaputt war. Da er ein begeisterter Bastler und freundlicher Mensch war, reparierte er auch noch gleich den Apparat.

«Wieviel schulden wir Ihnen?» fragte der dankbare Patient.

Der Arzt nannte eine bescheidene Summe für seinen Besuch und spaßeshalber das Dreifache für das Reparieren des Fernsehers.

Der Patient zahlte, ohne auch nur das geringste Erstaunen zu zeigen.

Ein Arzt, der in einem Vorort lebte, wurde eines Tages zu einer Familie gerufen, die im Zentrum der Stadt wohnte.

«Als ich ankam», berichtete er, «war gerade der Glaser da, der eine neue Scheibe eingesetzt hatte. Aus Neugierde verglich ich seine Rechnung mit meiner. Für die geleistete Arbeit hatte er das Doppelte berechnet und für den Anfahrtweg, der halb so lang war wie meiner, genau das Vierfache.»

Glaser müßte man sein!

«Ach, Herr Doktor», sagte das Dienstmädchen einer jüdischen Familie, «die Herrschaft hat auf Sie gewartet wie auf den Gott Zebra persönlich.»

Aber das ist lange her, und nicht viele Ärzte werden heute noch wie der Gott Zebaoth erwartet. Einige beklagen sich auch darüber.

«Ich erinnere mich noch genau, wie meine Mutter ihren Hausarzt behandelte», erzählte mir ein älterer Arzt. «Zuerst wurde ein Handtuch und ein neues Stück Seife bereitgelegt, dann der bequemste Sessel angeboten und ein Glas Kognak hingestellt; der Empfang glich dem eines gefürchteten Landgrafen, während ich mich heutzutage schon glücklich schätzen muß, wenn man mich nicht schon an der Haustür blöde anrempelt.»

Dazu berichtet mir ein anderer Arzt.

«Neulich wurde ich nicht nur von der Polizei, sondern auch von der Feuerwehr angerufen, weil ich um fünf Uhr nachmittags noch nicht bei einem Patienten erschienen

Mancher hat Gold genug …

... und dann hört er vom Arzt, ihm fehle Eisen.

Um Eisenmangel abzuhelfen, muß man Geld ausgeben und Pillen einnehmen. Gegen Geldmangel hilft nur, Geld einzunehmen und nicht alles auszugeben.

war, der mich um elf Uhr früh angerufen hatte. Als ich völlig erschöpft und mit hängendem Magen bei ihm ankam, erklärte er mir vorwurfsvoll, daß er mich habe kommen lassen, weil er seit drei Tagen keinen Appetit mehr verspüre.»

«Ich wünschte, die Ärzte würden zu Beamten gemacht», sagte mir ein alter Familiendoktor. »Dann würden die Patienten, ohne zu murren, stundenlang vor unserer Tür warten; und sollten sie uns gar nach Dienstschluß brauchen, würden sie uns wie Minister umschmeicheln.»

«Ich fände es eine ausgezeichnete Idee», sagte mir ein anderer Arzt, «wenn wir Gehaltsempfänger wären. Dann hätten wir die Vierzig-Stunden-Woche und könnten in der Freizeit zusätzliche Konsultationen abhalten, so wie die Lehrer, die Privatschülern für teures Geld Nachhilfeunterricht geben.»

In einem Witzblatt erschien eine Zeichnung mit der Unterschrift: «Mein Arzt sagt, ich sei ein ganz spezieller Fall!»

«Und warum?»

«Weil ich meine Rechnung sofort begleiche.»

Apropos Rechnungen erzählte mir ein alter Provinzarzt folgende Geschichte. Ein gelähmter Mann, der kaum mehr sprechen konnte, wurde von seiner Kusine gepflegt, die gleichzeitig seine Erbin war. Besagte Kusine holte den Arzt hemmungslos zu jeder Tag- und Nachtzeit, ohne jedoch Anstalten zu machen, je seine Rechnungen zu bezahlen. Eines Tages murmelte der Kranke irgendwas vor sich hin.

«Haben Sie ihn verstanden?» fragte die Kusine begierig.

«O ja, er hat mich gefragt, wieviel er mir inzwischen schuldet.»

Woraufhin die Geizliese nicht umhin konnte, endlich mit dem Geld herauszurücken.

Eine ähnliche Geschichte passierte auf einem Dorf. Der Arzt, der aus der ziemlich weit entlegenen Kreisstadt kam, untersuchte den Kranken und sagte zu dessen Frau: »Es tut mir leid, aber hier kann nur noch Gott helfen.»

«Nun, *den* brauche ich wenigstens nicht zu zahlen», sagte die alte Bäuerin und schob den Arzt zur Tür hinaus.

Wenn ein Arzt sich irgendwo niederläßt, lassen anfangs die Patienten auf sich warten.

Zu einem jungen Arzt kommt eine Dame, die im gleichen Haus wohnt, aber kein eigenes Telefon hat, und bittet, telefonieren zu dürfen. «Ich muß nämlich dringend meinen Doktor anrufen», erklärt sie.

Der junge Arzt zieht ein wenig spöttisch die Augenbrauen hoch, woraufhin die Dame sich ihrer Taktlosigkeit bewußt wird. «Entschuldigen Sie, aber ich bin seit Jahren an ihn gewöhnt», sagt sie leicht geniert.

Am Abend trifft sie ihn im Treppenhaus. «Stellen Sie sich vor, mein Arzt ist nicht selbst gekommen, sondern hat einen Stellvertreter geschickt. Da hätte ich auch gleich Sie nehmen können.»

Wenn ein Arzt sich das Vertrauen des Patienten erworben hat, kann es grenzenlos sein. Wie folgende Geschichte zeigt:

Eine junge Frau, die unter Depressionen litt, kommt völlig verstört zu ihrem Arzt.

«Mein Mann hat mir Geld für die Gasrechnung gegeben, aber statt es einzuzahlen, habe ich mir, weil alles so traurig war, ein Kleid gekauft, um mich aufzuheitern. Und nun habe ich schreckliche Angst, daß er es herausbekommt.»

Der Arzt lieh ihr das Geld. Am nächsten Tag erschien sie wieder, bedankte sich überschwenglich, zahlte jedoch die geliehene Summe nicht zurück. Der Arzt hat sie nie wiedergesehen. Wobei man sich fragt: Sind Schulden nun eine Kur für Depressionen? Oder sind Depressionen eine originelle Art von Nebenerwerb?

Die Gründe, warum ein Patient sich einen bestimmten Arzt aussucht, sind gelegentlich originell.

«Ich sehe, Sie wohnen am anderen Ende der Stadt, Frau Mayer, hat eine Ihrer Bekannten Sie an mich empfohlen?»

«Aber nein, ich habe im Telefonbuch nachgesehen, und Sie heißen wie mein Großvater mütterlicherseits, der ein sehr kluger Mann war.»

«Auf die Treue von Patientinnen kann man genausowenig bauen wie auf die Treue der Frauen überhaupt», sagte mir ein weiser, alter Arzt. «Neulich unterhielt ich mich mit zwei Kollegen über dieses Thema. Beide hatten zwei besonders treue Patientinnen, die bei jedem Besuch mit Bemerkungen wie ‹Ach, Herr Doktor, was täte ich ohne Sie!› ins Sprechzimmer stürzten. Nachdem wir uns eine Zeitlang über die zwei Damen unterhalten hatten, stellte sich heraus, daß es nur eine war. Sie pendelte mit unermüdlichem Enthusiasmus zwischen meinen beiden Kollegen hin und her.»

Ein anderer Arzt traf eines Tages auf der Straße eine frühere Patientin, die er aber seit mehr als einem Jahr nicht gesehen hatte. Sie sprach ihn an und fragte, ob er eine Minute Zeit für sie hätte.

«Natürlich», sagte der Arzt.

«Ich bin Ihnen nämlich eine Erklärung schuldig», stotterte die Dame etwas beschämt. «Sie erinnern sich doch, daß Sie jahrelang meine Bronchitis behandelt haben, und ich war auch nicht unzufrieden mit Ihnen. Aber dann bin ich, als Sie auf Urlaub waren, zu einem anderen Arzt gegangen, und der hat endlich herausbekommen, was ich wirklich habe.»

«Und das wäre?»

«Eine *chronische* Bronchitis.»

Daß die treuesten und dankbarsten Patienten die armen Leute sind, ist eine alte Erfahrung. Besonders auf dem Land. Die Frau eines Landarztes hat selten über eine leere Vorratskammer zu klagen. Eier, Hühner, Früchte – in ländlichen Gegenden glaubt man auch heute noch an Naturallohn. Dabei verlangt es aber die Höflichkeit, daß man den Wert seines Geschenkes nach Möglichkeit schmälert. Und so passiert es oft, daß eine brave Bäuerin sagt: «Die Äpfel, Herr Doktor, können Sie ruhig annehmen, meine Schweine mögen diese Sorte nicht», oder: «Zum Verkaufen sind die Eier sowieso zu klein.»

In der schlechten Zeit nach dem Krieg war diese Art des Honorars gang und gäbe. So kam eine Bäuerin zu einem Gynäkologen, legte ein eingewickeltes Stück Speck, wie man es in dieser Gegend zur «Vesper» ißt, auf den Schreibtisch und verlangte eine Abtreibung. Als der Arzt ihr freundlich beibrachte, daß sie da bei ihm an der falschen Adresse sei, stand sie auf, nahm wütend das Päckchen und schnaubte: «Dann nehm ich mein' Vesper eben wieder mit.»

Doch auch mit nicht eßbaren Dingen kann man viel Freude machen. Ein Gynäkologe erhielt nach einer Zwillingsgeburt ein vielversprechendes Paket. Es enthielt die Röntgenaufnahme, die während der Schwangerschaft gemacht worden war, kunstvoll montiert in einem kostbaren, antiken Rahmen.

Ein Arzt darf seine Patienten nicht beerben, aber es ist ihm erlaubt, ein kleines Andenken anzunehmen.

«Ich habe eine Patientin, die mir jedesmal, wenn ich sie besuche, sagt: ‹Diese beiden Statuetten bekommen Sie, Herr Doktor, wenn ich mal nicht mehr bin.›»

«Und sie hat nicht Angst, Sie könnten ihren Tod ein wenig beschleunigen, um in den Besitz dieser köstlichen Gegenstände zu kommen?» fragte ich.

«Im Gegenteil, sie weiß, wie scheußlich sie sind und daß ich alles tun werde, um sie möglichst lange am Leben zu erhalten, damit ich ja diese Dinger nicht kriege.»

Ein junger Arzt in Paris hatte gerade geheiratet. Tags darauf erschien eine Patientin mit einem kostbaren Blumenarrangement, das in keinerlei Verhältnis zu ihrem Einkommen stand, das dem Arzt bekannt war. «Für Ihre Frau, Herr Doktor, weil Sie doch meinem Kind so geholfen haben.»

Dem Arzt war das Ganze entsetzlich peinlich, und wie viele Menschen, wenn Ihnen etwas peinlich ist, wurde auch er ungehalten und barsch.

«Aber das ist doch der schiere Wahnsinn, wie können Sie das viele Geld so zum Fenster hinauswerfen!»

Die junge Frau fing an zu schluchzen, doch dann glitt ein Lächeln über ihr Gesicht, und sie blinzelte ihm schelmisch zu.

«Seien Sie nicht so böse, Herr Doktor, ich hab die Blumen ja gar nicht bezahlt; mein Mann ist doch Straßenfeger, und in seinem Bezirk befindet sich das Grab des Unbekannten Soldaten.»

Ein Professor bekam nach einer erfolgreichen Behandlung von einer dankbaren Patientin eine Vase geschickt.

Seine alte Haushälterin warf einen verächtlichen Blick auf das Geschenk und sagte: «Sie haben genug Scheußlichkeiten hier rumstehen, Herr Professor, aber zum Glück klebt noch die Adresse drauf, wo dieser Schauergegenstand gekauft worden ist. Also kann man das Ding umtauschen.»

Der Professor liebte seinen häuslichen Frieden. Daher verfaßte er einen artigen Dankesbrief an die Geberin, nahm dann die Vase und ging in das Geschäft.

«Ich möchte bitte diese Vase umtauschen», sagte er zerstreut, ohne die Verkäuferin richtig anzuschauen.

«Oh!» rief die. «Und ich hatte so gehofft, mein Geschenk würde Ihnen gefallen!»

Die Verkäuferin war die Ladenbesitzerin und niemand anderes als die dankbare Patientin. Dem geknickten Professor blieb nichts anderes übrig, als Farbe zu bekennen.

«Gnädige Frau, daß mir die Vase nicht gefällt, ist noch das wenigste. Aber eben habe ich einen Brief an Sie in den Kasten geworfen, in dem ich Ihnen versichere, daß die Vase den Ehrenplatz in meinem Salon einnimmt.»

Zuweilen treffen auch Dankesschreiben ein wie das einer alten Dame, die wußte, daß sie nicht mehr lange zu leben hatte, und ihren Brief beschloß: «Mit nochmaligem Dank und himmlischen Grüßen.»

Einem anderen Dankesbrief war ein PS beigefügt: «Entschuldigen Sie die orthographischen Fehler, aber nicht ich habe diesen Brief geschrieben, sondern mein Ehemann.»

Es gibt auch Patienten, die ihren Ärzten dankbar sind, ohne jedoch ihre Ratschläge zu befolgen. Eine rüstige Achtzigjährige radelt die Straße hinunter. Eine Nachbarin bewundert ihre Rüstigkeit. Die Alte lächelt listig und sagt: «Mein Arzt war außer sich, als ich vor fünf Jahren mal erwähnte, daß ich noch Fahrrad fahre.»

«Na und?»

«Nun erwähne ich es nicht mehr.»

Andere alte Damen machen sich Sorgen um ihre Ärzte, wie jene nette Großmutter, die den Besuch ihres Doktors erhielt und ganz bestürzt ausrief: «Mein Gott, Sie sehen ja ganz blaß aus! Was fehlt Ihnen denn?»

Mein eigener Hausarzt sagte mir: «Ich bin zu dem Schluß gekommen, daß die meisten Patienten ihren Ärzten im Grunde genommen doch recht dankbar sind.»

«Und warum?» fragte ich.

«Ist Ihnen nie aufgefallen, wie viele Menschen auf der Beerdigung eines Arztes sind?»

Ich wollte ihm nicht widersprechen, aber vielleicht liegt es doch eher daran, daß viele Patienten eine gewisse Genugtuung empfinden, ihren unfehlbaren Arzt überlebt zu haben. Und dafür sind sie dankbar. Denn wer dankbar veranlagt ist, der bleibt es bis zum Ende, wie folgende Geschichte beweist.

«Eine harmlose, kleine Geschwulst. Kommen Sie morgen in die Klinik, in fünf Minuten haben wir es Ihnen herausgeschnitten», sagt der Doktor aufmunternd zu seinem Patienten, einem bekannten Bankier.

Doch dem Arzt unterlief ein Kunstfehler, er verletzte eine Arterie, und der Patient verblutete. Kurz vor dem Ende kam er noch einmal zu sich, gerade lang genug, um zu sagen: «Vielen Dank, Herr Doktor, für alles, was Sie für mich getan haben.»

Schon immer waren die Mediziner ein beliebtes Ziel der Spottlust kritischer Zeitgenossen. Molière, der große Spötter, machte da natürlich keine Ausnahme. Er schrieb: «Ihre ganze Kunst besteht aus aufgeblasenem Geschwätz, aus geschraubten Sentenzen, sie bieten einem Worte statt Begründungen an, Versprechungen statt Wirkungen.»

Im Mittelalter wurde die Cholera «die Geißel Gottes» genannt. Aus dieser Zeit ist die Geschichte eines Arztes überliefert, der einem an der Cholera erkrankten Schmied einen Kräutertrank verschrieb.

Als er am nächsten Tag wiederkam, war der Mann quietschfidel.

«Ja, stellen Sie sich vor», erzählte ihm die Ehefrau, «noch während ich Ihren Trank zusammenbraute, hat mein Mann zwei eingelegte Heringe gegessen.»

Der erstaunte Arzt kehrte eiligst in seine Studierstube zurück und notierte sich: Cholera, Heilmittel: zwei eingelegte Heringe.

Zwei Tage später wurde derselbe Arzt ans Bett eines cholerakranken Steinmetzen gerufen. Er verschrieb ihm sogleich zwei eingelegte Heringe.

In der Früh eilte er voller Optimismus zu seinem Patienten, mußten jedoch zu seinem Leidwesen hören, daß dieser in der Nacht gestorben war. Verstört ging er nach Hause und schrieb: «Cholera, Heilmittel: zwei eingelegte Heringe, erfolgreich bei Schmieden, bei Steinmetzen dagegen nicht.»

Ein Gelehrter aus dem 17. Jahrhundert hinterließ der Nachwelt folgende goldenen Worte über die Medizinmänner seiner Zeit: «Ein Arzt ist ein Mann, den man dafür bezahlt, daß er dem Kranken dummes Zeug vorfaselt, bis dieser entweder von der Natur kuriert ist oder die Arzneimittel ihn getötet haben.»

Heutzutage mokieren wir uns seltener über das Können der Ärzte, dafür wurde in den letzten Jahren eine rechte Treibjagd in punkto Finanzen, Autorität und sozialer Stellung auf sie eröffnet. Allerdings stößt man dabei doch selten auf Anzeigen, wo das so deutlich zum Ausdruck kommt wie in der aus einer deutschen Jäger-Zeitschrift von 1912:

«Gesucht: Gynäkologe von Ruf, der die Krankheit meiner Frau diagnostizieren kann. Biete: Abschuß eines kapitalen Hirsches in meinem Gehege.»

Die richtige Diagnose zu stellen ist nicht immer einfach, und gelegentlich passiert es auch dem besten Arzt, daß er einem Krankheitssymptom so ratlos gegenübersteht wie ein Schüler einer Mathematikaufgabe.

Zuweilen werden Diagnosen auch durch die Prüderie der Patienten erschwert. Eine ältere Dame sagte erzürnt zu ihrem Gynäkologen: «Ich verbiete Ihnen, mein Geheimfach zu berühren.»

Eine bettlägerige Nonne hatte sich und ihr ganzes jungfräuliches Bett mit Heiligenbildern bedeckt. Als der Arzt ihre linke Brustseite abhorchen wollte und ratlos die Bildergalerie betrachtete, weil er nicht wußte, wo er ansetzen sollte, forderte sie ihn verschämt auf: «Heben Sie die heilige Anna hoch.»

In unserer Zeit greift das Spezialistentum immer mehr um sich, gerade in der sich so rasch entwickelnden Medizin.

Der Sohn eines Kassenarztes sagt ein wenig von oben herab zu seinem Vater: «Also, so wie du mach ich das sicher nicht. Ich werde Spezialist.»

«Keine schlechte Idee», sagte der Vater, «und welches Gebiet hast du dir ausgesucht?»

«Hals-Nasen-Ohren-Arzt.»

«Ausgezeichnet.»

«Ja, aber natürlich viel zu umfassend. Ich werde mich nur auf die Ohren spezialisieren.»

«Nun ja, warum nicht?»

«Das sagst du so, aber als Fachgebiet ist es mir immer noch zu groß. Ich will mich ganz auf das innere Ohr verlegen.»

«Aufs rechte oder aufs linke?» fragt höflich der Vater.

Andererseits wird wieder der Ruf nach dem guten alten «praktischen Arzt» immer lauter.

«Aber es ist nicht leicht, als Wald-und-Wiesen-Doktor auf dem laufenden zu bleiben», erklärte mir ein vielbeschäftigter Arzt. «Die Medizin entwickelt sich so schnell weiter, daß ich in meiner zwanzigjährigen Praxis das Gefühl habe, mindestens zweimal ein vollständiges Medizinstudium hinter mich gebracht zu haben. Ständig gibt es neue Mittel und Theorien, und was heute Mode ist, wird morgen verworfen. Oft kommt man auf Behandlungsweisen zurück, die für längst überholt galten. Vielleicht sollte man alle diese Trends gar nicht mitmachen. Ich, zum Beispiel, bin eng befreundet mit einem betagten Kollegen. Alt und jung finden ihn ungeheuer fortschrittlich, dabei hat er einfach in fünfzig Jahren nie seine Methode geändert, und heute gelten die wieder als ultramodern.»

Ultramodern, vielleicht unfehlbarer, dafür aber auch unmenschlicher ist der Computer, der heute bereits eine wichtige Rolle in der Medizin spielt. Ob er den Arzt eines Tages ersetzen wird? Der Patient füttert den Computer dann einfach mit den Symptomen seiner Beschwerden und erhält umgehend einen Diagnose-Schein! Tröstende Worte werden leider nicht mitgeliefert, wie folgende Anekdote aus Arztkreisen beweist:

Im Jahre 2033 steht ein Patient vor seinem Roboter-Arzt und zählt brav all seine Leiden auf. Dann drückt er auf den Antwort-Knopf, und heraus kommt der Diagnose-Schein.

«Sie sind vor zehn Minuten gestorben.»

Doch noch sind wir nicht soweit, und die Ärzte notieren immer noch, wie eh und je, die Krankheitssymptome und persönlichen Angaben auf schlichtes Papier.

«Ihr Beruf?» erkundigt sich ein Arzt.

«Lehrer.»

«Ihre Beschwerden?»

«Sinusentzündung.»

«Und was haben Sie bisher bekommen?»

«Viertausend, brutto.»

Manche Patienten kommen auch bereits mit der fertigen Diagnose zu ihrem Arzt, woran die Massenmedien, insbesondere die Illustrierten, nicht ganz unschuldig sind.

Bei einem Internisten erschien aufgeregt eine Dame; in der einen zitternden Hand hielt sie ein bekanntes Wochenblatt.

«Ich habe Kehlkopfkrebs», rief sie ganz verzweifelt. Dabei war sie kerngesund. Sie hatte sich aufgrund des Artikels in den Hals gesehen, und was sie für Geschwülste gehalten hatte, waren einfach ihre Mandeln.

Zu einem Chirurgen kam ein Prinz, der einen Abszeß hatte. Der Arzt erwähnte beiläufig das Wort Staphylokokken.

«Was fällt Ihnen ein!» empörte sich der vornehme Herr. «So etwas ist in meiner Familie noch nie vorgekommen.»

Die verschiedenen Kokken sind auch wirklich schwer auseinanderzuhalten, und der prinzliche Patient hatte sie mit den sehr unfeinen Gonokokken verwechselt.

Einem anderen, diesmal bürgerlichen Herrn mußte der Arzt jedoch die Eröffnung machen, daß er sich eine «galante» Krankheit eingefangen hatte.

«Oh, Gott», stöhnte dieser, «warum habe ich mich bloß auf diese Reisebekanntschaft eingelassen? Wie soll ich jetzt meiner Frau unter die Augen treten? Ich wage mich gar nicht nach Hause.»

«Beruhigen Sie sich», sagte der Arzt. «Tun Sie so, als kämen Sie direkt von der Reise zurück, und erwähnen Sie nicht, daß Sie bei mir waren. Ich werde in der Zwischenzeit Ihre Frau anrufen und sie zu mir bestellen. Und ich verspreche Ihnen, sie wird keine einzige Frage an Sie stellen, solange Sie eisern den Mund halten.»

«Aber wie wollen Sie das erreichen? Sie dürfen ihr um Gottes willen nicht die Wahrheit sagen, das wäre eine Katastrophe.»

«Verlassen Sie sich nur auf mich.»

Am Abend kommt die Ehefrau zu ihm.

«Gnädige Frau, ich habe die Ergebnisse Ihres Abstrichs erhalten. Es tut mir leid, aber sie sind positiv.»

Die Frau schlägt die Hände vors Gesicht und schluchzt verzweifelt. «Oh! Wie entsetzlich! Mein Mann ist heute von einer Reise zurückgekommen. Hätte ich doch bloß nie von seiner Abwesenheit profitiert!»

«Beruhigen Sie sich», sagt der Arzt, «und überlassen Sie die ganze Sache mir. Nur eins müssen Sie mir versprechen, sagen Sie nie ein Wort zu Ihrem Mann . . .»

Viele Jahre sind seitdem vergangen, der Arzt sieht die

beiden öfters, das heikle Thema jedoch ist nie wieder erwähnt worden, und die Ehe funktioniert bestens.

Wie hätte der Computerdoktor das gelöst?

Ein Vierzigjähriger erscheint beim Arzt, höchst verärgert. «Herr Doktor, ich glaube, mich hat's erwischt, und das nur, weil ich aus reiner Gutmütigkeit zwei Mädchen im Auto mitgenommen habe. Wie immer hielt ich an einer geschützten Stelle, und dabei muß mir eine von den beiden den Tripper verpaßt haben. Also, Doktor, sagen Sie selbst, diese Jugend von heute ist doch wirklich von Grund auf verdorben.»

Zu einem neu etablierten Arzt kommt ein hübsches Mädchen und besteht darauf, daß er sie von oben bis unten untersucht. Doch trotz eifrigen Forschens kann er keine Krankheit entdecken.

«Aber, Herr Doktor, ich weiß nicht, was mit mir los ist», klagt die Patientin. «Neulich kommt der Elektriker, und ich rufe: ‹Kommen Sie nicht rein, ich bin nackt.› Und was sagen Sie! Der Idiot kommt wirklich nicht rein. Und nun passiert mir mit Ihnen genau das gleiche.»

Das widerlegt ja wohl schlagend, was böse Zungen oft behaupten: Ist die Patientin jung und hübsch, sagt der Arzt: «*Zeigen* Sie mir bitte, wo es Ihnen weh tut.» Ist sie alt und häßlich: «*Sagen* Sie mir bitte, wo es Ihnen weh tut.»

Und auch die nächste Geschichte spricht dagegen.

«Vor einigen Tagen kam eine ungemein füllige Dame in die Sprechstunde», erzählt mir ein Arzt. «Ich bat sie, sich oben frei zu machen. Statt dessen kommt sie splitternackt aus der Kabine – nur ihren völlig verrückten Hut hatte sie aufbehalten! Am gleichen Morgen erschien ein Mann. Ihn bat ich, sich ganz auszuziehen, um ihn zu wiegen. Als ich nach einem kurzen Moment wieder ins Sprechzimmer kam, lag er mit Socken an den Füßen jämmerlich zusammengekrümmt auf der Baby-Waage.»

Gegen Blamagen gibt es keine Versicherung. Auch für sogenannte Koryphäen nicht.

Ein Professor geht, gefolgt von einem Schwarm von Studenten, durch die Krankensäle. An einem Bett bleibt er besonders lange stehen und ergeht sich in gelehrten Ausführungen. Im Laufe des Vortrags drückt er flüchtig mit dem Finger auf das Auge des Patienten und erklärt, ein typisches Symptom der vorliegenden Krankheit sei eine Verhärtung des Augapfels, wie man auch in diesem Fall beobachten könnte.

In diesem Moment flüstert ihm der Stationsarzt etwas ins Ohr, die berühmte Kapazität dreht sich nach einem ärgerlichen «Ach so» spontan ab und wendet sich geflissentlich dem nächsten Patienten zu.

Der Kranke, von dem die Rede gewesen war, hatte nämlich ein Glasauge.

Ein ähnliches Mißgeschick passierte einem belgischen Professor. Er stellte einen Mangel an Spannung und Widerstandskraft im Hüftgelenk eines Patienten fest und erklärte den Studenten, hier handle es sich um einen typischen Fall von Rückenmarkschwindsucht. Während er langatmig die Gründe für seine Diagnose darlegte, meldete sich der Patient schüchtern zu Wort:

«Herr Professor, ich bin Zirkusakrobat.»

Darum sollten sich die «Arrivierten» manchmal doch daran erinnern, daß auch sie einmal klein angefangen haben. Was sie aber ungern tun. Denn Studenten bei Zwischenexamen durchfallen zu lassen ist ein beliebter Professorensport.

Ein Professor fragt eine Studentin: «Haben Sie gehört, daß ich ein gemeines Schwein bin?»

«Aber nein, Herr Professor!»

«Dieser negativen Antwort, mein Fräulein, kann ich nur entnehmen, daß Sie nicht oft meinen Vorlesungen beigewohnt haben. Sie sind durchgefallen.»

Eine Medizinstudentin, kurz vor dem Staatsexamen, sollte eine Infusion anlegen. «Um den Patienten nicht zu beunruhigen», erzählte sie mir, «habe ich eine etwas brüske, leutselige Tour gespielt. Ich kriegte den Schlauch auch recht und schlecht rein, danach hat mir aber der Patient gesagt: ‹Also, Kindchen, das ging ja schon ganz gut, aber nun, damit Sie ein wenig Übung kriegen, probieren wir es noch mal ein bißchen weniger energisch.› In meiner Aufregung hatte ich nicht gemerkt, daß der Patient einer der Assistenzärzte unserer Klinik war.»

«Erzählen Sie mir etwas über die Sinnesorgane», sagte der Professor wohlwollend und etwas vage.

«Männliche oder weibliche?» fragt die Kandidatin.

Ein frauenfeindlicher Professor, der die Studentinnen immer in Verlegenheit zu bringen versucht, fragt in der Vorlesung: «Welcher Teil des menschlichen Körpers kann sich auf das Zwanzigfache vergrößern? Nun, Fräulein Meier, Sie brauchen gar nicht rot zu werden, ich muß Ihre kühnen Erwartungen nämlich enttäuschen – es ist die Pupille.»

Noch gründlicher besorgte er es der armen Studentin, der er die Frage vorlegte: «Was würden Sie tun, wenn Sie abends im Stadtpark Hilferufe aus einem Gebüsch hören und beim Nähertreten ein Liebespaar entdecken würden, das nicht mehr auseinander kann?»

Die Studentin beginnt stotternd: «Ich würde den Finger in den After stecken . . .»

«So geht das nicht, mein Fräulein», unterbricht sie der Professor, «welchen After meinen Sie, den seinigen, den ihrigen oder etwa den eigenen?»

«Aber, Herr Professor!»

Nicht möglich!

Eine Frau sagt zu ihrem Zahnarzt: «Es ist wirklich nicht nötig, daß Sie zwei Gebisse anfertigen, meine Tochter und ich essen nie zur gleichen Zeit.»

In Madagaskar kommt ein französischer Politiker zu einem einheimischen Arzt.

«Ich werde Ihnen eine lokale Betäubung geben.»

«Eine französische wäre mir lieber.»

Ein Lehrer erklärt: «Wenn ich den Kopf nach unten halte, strömt mir das Blut hinein. Warum aber nicht in die Füße?»

«Weil die nicht hohl sind», antwortet der Knilch.

Die hochschwangere Mama der dreijährigen Erika will mit dem Autobus in die Stadt fahren, um Einkäufe zu machen.

«Laß das lieber sein», rät der Papa, «das Baby kann jeden Moment kommen.»

«Fahr ruhig», sagt die kleine Erika, »wenn das Baby kommt, leg ich es einfach aufs Sofa.»

Bei einer Frau muß ein Kaiserschnitt gemacht werden. Die Hebamme befestigt zur Information der Nachtschwester einen Zettel mit «Kaiser» an das Bettchen des Neugeborenen.

Als der Vater den Zettel bemerkt, sagt er schüchtern zu der Säuglingsschwester: «Meinen Sie, wir könnten das Kind noch umnennen?»

Ein Psychiater sagt: «Patienten mit einer gespaltenen Persönlichkeit sind mir die liebsten, da kann ich doppelte Rechnungen stellen.»

Ein junges Mädchen kommt zum Apotheker und klagt über Halsschmerzen.

Der Apotheker bittet sie, den Mund aufzumachen, und sagt: «Ja, Kind, Sie haben die Bräune.»

«Aber die will ich doch haben», sagt sie ganz verwirrt, «dafür habe ich mich doch stundenlang in die Sonne gelegt.»

Ein recht geziertes Fräulein klagt über starke Magenkrämpfe.

«Haben Sie Durchfall?» fragt der Arzt.

«Nein», flüstert sie verlegen, «ich habe nur Diarrhöe.»

Bei einem meiner Freunde bewunderte ich einen alten Blasebalg, mit dem er sein Kaminfeuer anfachte.

«Wissen Sie», sagte er mir, »daß ich diesem Blasebalg mein Leben verdanke? Als ich geboren wurde, hat unser alter Hausarzt ihn mir in den Mund gesteckt und ihn volle zwei Stunden lang betätigt, bis ich von alleine normal atmen konnte.»

Ein Geburtshelfer berichtete von einem algerischen Dorf, in dem er einige Zeit gearbeitet hatte. Eines Abends wurde er dringend zu einer Niederkunft gerufen. Nach einer ziemlich schweren Geburt flüstert die Mutter:

«Ist es ein Junge?»

«Nein.»

«Ja, was ist es denn dann?»

Ein Kollege hat mir aus seiner Familienchronik folgende Geschichte erzählt: Sein Urgroßvater war Torfstecher. Eines Abends kommt er in seine Kate zurück und ruft schon an der Tür: «Ich habe einen Mordshunger.» Aus dem Federbett antwortet ihm die schwache Stimme seiner Frau Eugenie: «Ich konnte nicht kochen. Das Kind ist heute früh zur Welt gekommen.»

«Das ist noch lange kein Grund, mich hungern zu lassen. Los, steh auf, und mach mir was zu essen.»

«Aber ich sage dir doch, das Kind ist grade erst geboren.»

Der Torfstecher ging zum Herd, nahm einen Fidibus und zündete das Bett an. Eugenie sprang entsetzt aus den Federn und löschte das Feuer mit einem Eimer Wasser.

«So, und nachdem du schon auf bist, kannst du mir auch gleich was zu essen machen!»

Eugenie gehorchte ihm wortlos. Ihr Mann setzte sich hin und ließ es sich schmecken. Als er fertig war, wischte er sich seelenruhig den Mund ab und sagte:

«Und jetzt kannst du mir das Kind zeigen.»

Das letzte Wort in meiner Perlensammlung gebührt einer hundertjährigen Schweizerin, die in ihrem Leben noch nie einen Krankenschein gesehen hatte.

«Ach, mein Lieber», sagte sie zu mir, «jeden Morgen

bitte ich den lieben Gott, daß er mich an einem Abend sterben läßt.»

«Warum denn das?» fragte ich ganz verblüfft.

«Weil man tagsüber immer noch etwas dazulernen kann. Und es immer noch etwas zu lachen gibt.»

Wer zuletzt lacht, lacht eben auch endgültig am besten!

Inhalt

C 2174/4

Leseffutter

John Barth
Der Tabakhändler (5621)

Barbara von Bellingen
Die Tochter des Feuers (5478)

Eberhard Cyran
Der König (5638)

Fanny Deschamps
Deutsch von Uli Aumüller und Grete Osterwald.
Jeanne in den Gärten
528 Seiten. Gebunden und als rororo 5700
Jeanne über den Meeren
560 Seiten. Gebunden und als rororo 5876

Robert S. Elegant
Deutsch von Margaret Carroux.
Die Dynastie
790 Seiten. Gebunden und als rororo 5000
Mandschu
607 Seiten. Gebunden und als rororo 5484
Mandarin
720 Seiten. Gebunden und als rororo 5760

Pauline Gedge
Die Herrin vom Nil
Deutsch von Ulla H. de Herrera.
540 Seiten. Gebunden und als rororo 5360
Pharao
Deutsch von Margaret Carroux und Ulla H. de Herrera.
576 Seiten. Gebunden
(Wunderlich Verlag)

Kleine Nachttischbändchen

James Thurber
Der Hund, der die Leute biß und andere Geschichten für Freunde bellender Vierbeiner
160 Seiten. Gebunden
75 Fabeln für Zeitgenossen
Den unverbesserlichen Sündern gewidmet
208 Seiten. Gebunden
Zehn goldene Regeln für das Zusammenleben mit 100 warnenden Beispielen
120 Seiten. Gebunden

E. O. Plauen
Vater und Sohn
128 Seiten. Gebunden

Gregor von Rezzori
Die schönsten maghrebinischen Geschichten
180 Seiten. Gebunden

Kurt Tucholsky
Wo kommen die Löcher im Käse her?
Glossen und Grotesken
157 Seiten. Gebunden
Rheinsberg
Ein Bilderbuch für Verliebte
180 Seiten. Gebunden
Schloß Gripsholm
Eine Sommergeschichte
240 Seiten. Gebunden
Wenn die Igel in der Abendstunde
Gedichte, Lieder und Chansons
200 Seiten. Gebunden

C 2148/1a